深度营销

没有卖不好 只有不会卖

杨青◎著

中国纺织出版社

内 容 提 要

深度营销的精髓是什么呢？没有卖不好，只有不会卖，又要如何卖，才能让销售工作圆满完成呢？曾经有人说，如果想钓到鱼，就先要学着像鱼儿那样思考，那么作为销售员要想成交客户，当然也要像客户那样思考，才能把销售策略用得恰到好处，成功打动客户的心，促使客户切实做出购买行为。

图书在版编目（CIP）数据

深度营销：没有卖不好只有不会卖 / 杨青著．--北京：中国纺织出版社，2019. 1
ISBN 978-7-5180-5962-1

Ⅰ．①深…　Ⅱ．①杨…　Ⅲ．①市场营销学　Ⅳ．①F713.50

中国版本图书馆 CIP 数据核字（2019）第 029173 号

策划编辑：陈希尔　　责任校对：江思飞　　责任印制：储志伟

中国纺织出版社出版发行
地址：北京市朝阳区百子湾东里A407号楼　邮政编码：100124
销售电话：010—67004422　传真：010—87155801
http：// www.c-textilep.com
E-mail：faxing@c-textilep.com
中国纺织出版社天猫旗舰店
官方微博http：// weibo.com / 2119887771
三河市延风印装有限公司印刷　各地新华书店经销
2019年3月第 1 版第 1 次印刷
开本：710×1000　1 / 16　印张：17.5
字数：201千字　定价：45.00元

前言

Preface

如今的营销早就已经超越了传统的概念，如果说传统的营销是如何赢得客户的青睐，把产品卖给需要的人，那么现代的营销也包括怎样刺激客户的购买需求，增大产品的需求量，从而把营销做到极致。每个从事销售的人都有很多苦楚，尤其是每天面对形形色色、脾气性格迥异的客户，他们更容易陷入各种困境，更别说把销售工作做得风生水起了。

不可否认，销售是世界上难度最大的工作之一。一个人如果能成为优秀的销售员，那么就能把很多非专业领域的工作都做得很好。然而，事实却告诉我们，想要成为一个优秀的销售员很难，因为销售员的工作对象是人，而人心又是最变幻莫测、难以捉摸的。举例而言，为何降价未必能让商品畅销，反而涨价会让消费者趋之若鹜呢？为何很多商家宁愿在价签上标注99.99元的价格，也不愿意直截了当地写上100元呢？为什么那些看起来对商品没有任何异议的消费者最终落空了，而那些嫌弃商品不好对价格也极不满意的消费者，却能够最终真正购买商品呢？要想弄清楚这些看似简单背后却隐藏着很多销售心理学知识的问题，就需要每个销售员深入挖掘和学习，才能初见端倪。

提起深度，很多人都会犹豫，觉得凡事只要带上“深度”二字，就是高深莫测的。当然，这些问题的确不容小觑，然而却并非人力不可及。对于销售员而言，消费者行为心理学从本质上来说是必修课，只有深谙消费者心理，了解人的心理活动规律，也知道大多数消费者的购买心理，销售员才能有的放矢，也才能真正引导消费者完成销售过程，把销售工作做到最好。

深度营销的精髓是什么呢？没有卖不好，只有不会卖。那么，要如何卖，才能圆满完成销售工作呢？曾经有人说，如果想钓到鱼，就要先学着像鱼儿那样思考。那么，销售员要想搞定客户，当然也要像客户那样思考，才能把销售策略用得恰到好处，成功地打动客户的心，促使客户真正实现购买行为。

销售员一定要记住，要想会卖，并且卖得好，就要从现在开始努力设身处地为客户着想，要站在客户的角度满足客户的需求，把话说到客户的心坎里。否则，如果销售员一味地为了实现成交而做出急功近利的举动，一旦招致客户的反感，必然会导致销售计划落空。由此可见，要想成为一名优秀的销售员，还要学会放长线钓大鱼，才能最大限度地发挥销售的潜能，最终赢得客户的信任与托付。

销售不但是一门技术，还是一门艺术、一门学科。销售员应该发自内心地热爱销售，把销售当成事业，还要掌握心理学知识，才能在这场没有硝烟的战争中真正获胜。尤其需要注意的是，如果仅从人际关系的角度而言，销售实际上就是销售员与客户之间的关系，所以销售员如果能处理好与客户之间的关系，销售也就成功了一半。这正如有人说过的，世界上的一切关系都可以归结于人际关系。从这个角度来看，销售员还应该是人际交往大师，只有处理好与客户的关系，才能在与客户相处的过程中如鱼得水、游刃有余。

真正的销售应该是真诚，应该是不销而销，就如这个世界没有通往真诚的道路，因为真诚本身就是道路，但是在现在的环境里，理想和现实有着很大的距离，作为销售员的你，如果不懂得销售的精髓和销售逻辑，你就无法在销售行业生存下去，或者不可能成为一个销售高手，因为每件事情背后都有一套成功的逻辑。我自己干了十多年的销售，把自己的销售心得分享给大家，希望对你们有所帮助。

记住，优秀的销售员不是活的说明书，而是要发挥主观能动性，在销售过程中打造自身的强大气场，无形中影响客户，才能让销售工作水到渠成、马到成功！深度营销从此刻做起，作为销售员，你们准备好了吗？

目录 Contents

第七章 用心优待客户，打消客户的所有疑虑 / 147

第八章 沟通——在销售员与客户之间架起桥梁 / 173

第九章 分析客户心理，打开客户的“心结” / 201

第一章

所谓会销售，就是高情商

销售与情商之间有着密不可分的联系，唯有高情商，才能在销售工作中有更好的表现，也才能与客户形成水乳交融般的关系。这是因为销售工作的对象是人，每个人都是活生生、有血有肉的，也都是富有情感的。把销售对象搞定，销售工作也就会事半功倍、水到渠成。

1. 如何把情商运用到销售中

很多年前，人们只知道智商，而根本不知道情商为何物。说起情商与销售，我也常常感到困惑。销售与情商有什么联系呢？其实很多人不仅不知道答案，甚至连情商是什么都不知道。所谓情商，就是人们常说的 IQ 之外的 EQ，简而言之，就是人们对自身情感的认知能力。高情商的人不但能以正确的方式判断情感，而且知道这样的情感到底是从何处而生，也知道怎样控制情感和调整情感。因而有人说，情商比智商更重要，也对人的发展起着决定性作用。

细心的人会发现，大多数从事人事管理的人都具有很高的情商，他们在复杂的人际关系中如鱼得水，游刃有余。实际上，情商高的人不仅适合从事人事管理工作，而且也很适合从事销售工作。销售工作与人事管理工作最大的相同点就是，这两种工作的工作对象都是人，都需要以搞好人际关系为基础，才能让工作顺利推进。也许有人对此会不以为然，觉得销售靠的是嘴皮子，或者靠的是耍心机，怎么可能与情商高低扯上关系呢？不得不说，他们之所以有这样的误解，完全是因为不了解销售，更不了解情商。举例而言，当客户带着吹毛求疵的心理对销售人员提出各种各样尖酸刻薄的问题时，如果销售人员马上勃然大怒，或者生搬硬套心中所有的知识回答问题，那么他们给客户的感觉就是一台昂贵的回答问题的机器，而没有任何血肉感情，甚至还会因为短路而勃然大怒。如果你是客户，你愿意面对这样的销售人员吗？答案当然是否定的，因为没有人愿意用自己的金钱买来劣质的服务和僵硬的回答。假如销售人员情商很高，那么他们就会意识到自己在面对接踵而来的问题时哪怕再恼火，也要保持情绪的平静，也还要怀着愉悦的心情，从而以有的放矢的人际交往技巧，把客户的疑虑全都转化为信任，把客户不友好的质问变成是一场富有意义的深入交流。这样一来，单方面的质问才会转变为双方面的互动，如果销售人员懂得话语话术的使用，懂得营造轻松愉快的氛围，相信他们与客户之间的交谈必然很愉快，也能够起到显著的效果。

作为一名销售员，刘丹最大的特长就是怒怼客户。看到这里，相信有很多朋友都会感到惊讶：销售员不是应该与客户搞好关系，赢得客户信任，才能顺利做成生意吗？为什么刘丹能凭着怒怼搞定客户呢？哎，且慢，看东西可要认真，这里只说刘丹最大的特长是怒怼客户，可并没说刘丹能通过怒怼客户实现成功销售啊！刘丹因为怒怼客户而导致销售失败的情况不在少数，就连师父都说刘丹“天生不是做销售的料，情商特别低，说话贼难听”。对此，刘丹也觉得很无奈，她也不想得罪客户，但是她也不知道如何才能把话说到客户的心里去，让客户对她心服口服。

这天，门店里来了一位客户要购买咖啡。这个客户是单身，觉得一个人买一个大包装的咖啡太浪费了，又觉得买小包装的不划算，因此，客户问刘丹：“能买半包咖啡吗？”刘丹当即回答：“我们店里开业以来还没有卖过半包咖啡呢？您要是买不起大包的，可以先买小包的，等到有钱了再来买大包的。”客户被刘丹气得直瞪眼。这时候，一个叫小薇的同事赶紧过来打圆场，说：“这位先生，我很理解您的心情，其实我也觉得小包的性价比太低，又觉得大包的咖啡一个人要喝很久，一旦吸收潮气以后，味道就不好了。不如这样吧，我和您合买一包，如果您觉得好喝，能喝得很快，下次再来的时候就买一大包，好吗？”客户看着小薇和颜悦色的样子，当即同意，并且说：“那就这样，我买一包咖啡，赠送一半给您。如果我觉得好喝，下次我再买一包就不送您了，我自己留着喝。”小薇赶紧推辞道：“那怎么好意思呢！”客户说：“这有什么不好意思的？以后咱们就是朋友了，半包咖啡的缘分，怎么样？听起来很浪漫吧！”就这样，小薇不但让客户完全消了气，高高兴兴地买走了咖啡，还与客户成为朋友了呢！

同样是销售员，刘丹和小薇采取了不同的销售策略，最终得到的结果也截然不同。刘丹的话虽然没有恶意，但是给客户的感觉却带有侮辱性，甚至让客户大为恼火。而小薇呢，主动提出和客户合买一包咖啡，并且说出来的话完全打消了客户的顾虑，也给足了客户面子，让客户如沐春风。正是因为如此，客户才能主动提出赠送半包咖啡给小薇，把刘丹说他买不起咖啡丢的面子挣回来，也顺便交了小薇这个说话好听的朋友。

同样的话，换一种方式说出来，或者换作不同的人说，效果往往是不同的。当然，很多时候说话方式的不同并非是根本原因，根本原因在于说话的人是否具有高情商。有高情商的人往往能够积极主动地站在他人的角度思考问题，而情商低的人却总是从自身的角度出发，而且说起话来直截了当，丝毫没有考虑到他人的感受。这样一来，不但会伤害他人的感情，也会事与愿违。所以在销售行业中，高情商的人总是比高智商的人更吃得开，也能与客户建立良好的关系，得到客户丰厚的回馈。

仅从表面看起来，很多人觉得所谓高情商，就是会说话。实际上，情商不是因为会说话才变高的，而是因为情商高，所以说起话来才能鞭辟入里，也合情合理。早在十几年前，关于领导与行政的课程，就已经把情商融入其中了。还有学者研究过很多位领袖，发现伟大的领袖都拥有高情商，而且都有超强的自我控制能力。正因为如此，他们才具有魅力，才拥有决断力和号召力，能够让很多追随者始终忠心耿耿地拥护他们、爱戴他们，坚决支持他们。

简而言之，情商就是每个人控制自身情绪的能力。尽管情商的概念提出得比智商要晚，但是随着对情商的不断深入研究，我们发现情商比智商更重要，对人生的影响也比智商更大。很多时候，我们不乐意和某些人接触，看似毫无理由，实际上就是因为那个人的情商太低，言行举止都欠妥。如此一来，情商当然会阻碍人们的发展，也会使人生变得截然不同。

营销秘籍

拥有高情商，设身处地为客户着想，销售人员才能把话说到客户的心里。高情商的销售人员，能把原本不好听的话说得好听，让客户听到以后心花怒放。而情商太低的销售人员，则会把话说得难听，不但让客户变得愤怒，还会损失一单生意。作为销售人员，要想做得优秀，就一定要提升自己的情商，更好地与客户相处。

2. 情商与销售是正相关的吗

情商与销售之间到底是怎样的关系呢？了解了情商以后，相信很多人都想弄清楚这个问题。那么，情商与销售是正相关还是反相关呢？如果情商越高，对销售工作就越是得心应手，那么当然应该从提高情商入手，这样对销售工作是有很大辅助作用的。要想真正探究情商与销售之间的关系，我们就要了解提升情商以后，对销售结果会有怎样的影响。

为了提升企业的销售业绩，很多企业每年都会在销售方面投入大量的资金，对销售人员进行培训。然而，往往培训以后，销售人员仍然一如既往，基本不会有更出色的表现，而且整体的销售业绩也没有起色。这到底是为什么呢？实际上，所谓的销售技巧、销售艺术或者销售科学，尽管能够提升销售员的业务水平和销售能力，却无法提升销售员的情商。即使无数个销售员都打开了相关的书籍，开始认真阅读，也往往收效甚微。这是因为他们的一切技巧和能力都是伪装出来的，不可能真心实意、发自内心，像流淌自心底的清泉一样汩汩而出。

真正的销售，就像绝世武林高手所掌握的大而无形的招数一样，看起来无形，实际上却有着莫大的威力。反过来说，尽管有着莫大的威力，却看起来无形，也丝毫不使人惊奇。真正的销售就是如此，是无为之道，是不像销售的销售，是领略了销售精髓的销售。记住，销售从来不能急功近利，因为没有任何客户愿意一头栽倒在你精心设置的陷阱里。作为销售员，必须先忘记销售，真正发自内心地把客户当成自己的朋友、家人，甚至把客户的需求作为自己的需求去考虑，才能设身处地为客户着想，也才能最大限度地赢得客户的信任和尊重。

而当销售的关系变成普通的人际关系，情商高低对于关系的好坏，就会有很大的影响。可想而知，高情商对销售工作的影响有多大。

前几天，小童代表公司参加了一次谈判。在这次谈判中，作为销售代表，小童的表现显然有失水准。实际上，作为资深销售员，小童此前在工作中表现良好，总是能够更多地为客户着想，也能够得到客户的理解和认可。然而在这次销售会议上，小童提前知道了上司将会根据他在会议上的表现决定他能否升迁，因而未免心情紧张，不知不觉就急功近利了。

面对客户提出的再让出一部分利润，小童想到如果给公司签下来一个利润很低或者没有利润的单子，一定不会得到上层的赏识，因而当即拒绝了客户的请求，并且用尽全力说服客户接受他提出的合作方案。可是让小童没有想到的是，这个客户是个长期的大客户，一旦伤了客户的面子，再接着谈下去就很难了。最终，客户草草结束谈判，不愿意再继续谈下去了。小童很懊恼，觉得自己运气不好，不但折了单子，而且还失去了升迁的机会。他不知道的是，客户只是因为他拒绝的语气太过生硬和居高临下，所以才不愿意与他合作的。

当然，小童的语气生硬只是表面现象，最根本的原因在于他内心急功近利，把这次签约与自己的升迁联系到一起，所以才会失去淡然的心境，也对客户表现出不耐烦。从这个角度来看，高情商并不像高智商那样有一个硬性的指标，甚至还可以去测试，而是具有很大弹性和可操作空间的。归根结底，小童是因为没有控制和调整好自己的情绪，所以才会变得焦躁不安，也失去了胸有成竹的一贯心态。

高情商还有助于销售员正确地判断自己面对的销售挑战。在销售实战中，很多销售员都是因为误判了自己面临的销售局面，所以才导致把精力用偏，也导致在销售过程中陷入被动的局面和无法摆脱的困境。拥有高情商，不但能够很好地控制和调整自身的情绪，也能够敏锐地觉察到他人的情绪变化，从而在与他人的相处过程中占据主动。这样一来，对于销售局面的判断就会更加准确，看似以感觉占据主导，实际上比那些理性的分析更加深刻和深入。

当然，强调高情商在销售中的重要作用，并非是在否定销售技巧或者销售艺术的作用。技巧和艺术当然是必不可少的，然而，如果能在真正对客户实施销售技巧之前，先了解认知的高度对行动的指导力量，那么销售就能收到事半功倍的效果。很多销售员在面对普通的客户时的确能够凭着销售艺术和技巧取胜，但是在面对难缠的客户时，则往往会被客户难住，甚至被客户逼入难以脱身的死角。如果真正拥有高情商，那么就能以看似无为的销售方法真正收拢客户的心，从而赢得客户的尊重、理解和信任，让销售工作水到渠成。很多新入职的销售人员都会因为初见客户而感到紧张，甚至不知道怎样才能让自己顺畅地表达，结结巴巴、话不成句的销售员也是有的，这都是因为情商低，不知道如何把客户当成朋友对待，与客户水到渠成地沟通，给予客户亲和力的原因。

营销秘籍

营销效果与情商的高低呈现正相关的关系。情商越高，越是能够在销售方面有好的表现；而情商越低，则会导致销售过程中遭遇各种困难，甚至使销售进程停滞不前。既然如此，销售人员应当努力提高情商，才能把销售工作做好，才能在销售过程中大获丰收。

3. 步步为营发挥高情商，销售水到渠成

对于所有的销售人员来说，尽管他们不知道如何预测客户会提出怎样的问题，但是当客户质疑他们的产品或者怀疑他们的业务能力时，他们无疑都会觉得很尴尬，甚至有些缺乏经验的销售人员还会觉得愤怒。殊不知，嫌货的才是买货人，对于销售人员来说，当客户了解产品之后没有任何反馈，恰恰是最糟糕的情况，至少说明这个客户没有任何购买意向。而当客户针对产品提出各种各样的问题，甚至还嫌弃产品有某个方面的缺点时，有经验的销售人员反而会感到很高兴，因为这正意味着客户有意向购买产品，而且正在说服自己接受产品的不足。在这种情况下，情商低的销售人员会直接告诉客户这些产品很好，甚至睁着眼睛说瞎话，否认产品有各种各样的缺点。而高情商的销售人员知道，如果缺点是产品确实存在的，也是行业内大部分产品都无法避免的，那么就应该直截了当地告诉客户这个情况。这样的坦诚和真实，反而能够赢得客户的尊重和信赖。

高情商的销售员能够敏感地意识到问题的症结所在，也能够控制好自己的情绪，平心静气地对待客户。如此一来，他们的冷静和睿智，他们的宽容和气度，都会给客户留下良好的印象，为他们在客户心中的形象加分。记住，客户不是傻子，客户不能蒙骗，与其在聪明睿智的客户面前遮遮掩掩，睁着

眼睛说瞎话，还不如直白地告诉客户产品的优点和缺点，也帮助客户做出理智的决定。很多销售员以“蒙”作为原则对待客户，殊不知，生意是长久的，客户的口碑是每个销售员最大的财富，与其为了蝇头小利或者眼前的短暂利益失去忠心耿耿的客户，不如以真诚与诚信服务客户，也给予客户更好的服务体验。

作为一名房地产经纪人，大宋所入职的公司是行业里的龙头老大，因此，这家公司也收费不菲。其他很多公司的居间服务费只有1%~2%，还能给予不同的折扣，而这家公司的收费是2.4%，而且没有任何折扣。这样一来，很多经纪人在遭到客户质疑其居间服务费为何这么高时，总是无话可说，毕竟总不能说“我们就是高”吧！

对于这样常见的质疑，业绩非常突出的大宋有自己的理解。每当被客户质疑居间服务费太高时，大宋总是和颜悦色地说：“我们的服务费的确很高，但是高有高的道理。您是一个讲究品质的人，那么一定知道对于很多东西是只买对的，不选贵的。这句话尽管很多人都在说，现实却是很多东西的价格的确彰显了它的品质。我们公司提供的各项担保服务，在其他很多公司都是没有的，所谓不怕一万，就怕万一。买房卖房都是人生大事，万一出现意外，就是百分之百的风险，那么又该由谁来承担呢？我想，您这么睿智，一定不会为了省小钱而花大钱的。而且，我敢保证您享受完我们全程的服务后，一定会对我们的服务表示认可，也觉得自己的付出物超所值。”经过大宋的一番讲述，客户完全不好意思再说居间服务费太贵了。

在这个事例中，大宋对客户的回答无疑是极具情商的，因为他偷偷地转换了概念，从客户质疑居间服务费贵，转化到价值观和消费理念方面，让客户意识到便宜没好货，一定要改变消费理念，才能拥有优质服务。至少，客户不会再当着大宋的面说起这个问题，否则就相当于承认自己是一个没有品位、缺乏品牌服务意识的人。

不可否认，在推销过程中，很多客户提出的问题都是非常尖锐的，也是难以回答的。作为销售员，如果只是生硬地向客户介绍产品或者推销产品，就很难打动客户。最好的办法是重置概念，引导客户把思维的重心转移到销售员想说的方面去。当然，这样的转移要不露痕迹，而且转移之后的问题要与客户提出的问题有异曲同工之妙。中国汉字非常神奇，中国文化博大精深，很多问题都有着无数种回答的方式。当销售员不露痕迹地回答的问题与客户想要了解的问题之间有着共通之处时，客户当然不会提出异议。

从某种意义上来讲，销售员不但要会推销，而且要像医生一样能够弄清楚客户心中的症结所在。就像啄木鸟，隔着树皮就能知道树干里有没有虫子，作为销售员，如果能在客户发难之前就知道客户心中有怎样的疑虑，从而做到未雨绸缪，提前策划答案，就能占据主动，也能做到对客户有的放矢，胸有成竹。当然，这一切都要从提升情商做起，当高情商的销售员通过谈话从客户那里得到更多的信息时，对于销售员而言，销售工作就会因为了解而水到渠成。总而言之，销售工作不是一个单独的面，也不是能一蹴而就。最终，销售会以怎样的局面呈现或者结束，还是取决于销售员的情商高低，以及销售员能否入木三分地做好销售工作。

营销秘籍

销售工作从来不是一蹴而就的，在销售过程中，销售人员必须坚持点点滴滴的付出，在任何艰难的情况下都绝不放弃，才能不忘初心，方得始终，也才能通过销售满足客户的需求，实现个人的价值，创造精彩的人生。

4. 驾驭自己，控制好情绪

曾经有人说过，一个人能否控制情绪或者能把情绪控制到什么程度，决定了他的人生，也决定了他在社会生活中占据什么位置。看到这里，也许很多人会感到惊讶：情绪对人生的影响真的有这么大吗？的确如此，情绪对每个人而言都是至关重要的。人必须成为情绪的主宰，而不要总是被情绪驱使，这样才能真正主宰人生，才能避免迷惘和无知。尤其是对于销售员而言，能否控制好情绪，往往决定了销售的节奏和发展趋势，因而销售员更要稳定情绪，不管面对怎样的客户都要处变不惊，从容面对，这样才有更大的可能获得成功。

在销售行业中，有很多销售员并非是能力不足，也不是不够聪明，而是因为他们缺乏控制情绪的能力，导致他们在面对各种各样的客户时水平发挥不稳定。尤其是在遇到难缠的客户时，他们很容易被客户激怒，因为情绪的反常，反而被客户牵着鼻子走，在销售过程中失去了主动权和主导地位。实际上，越是面对难缠的客户，销售员越是应该保持耐心和毅力，以免前功尽弃，在最关键的时刻把问题搞砸。正如心理学家说过的那样：愤怒会使人的智商瞬间降低，从而使人失去理智，很多人都因为怒火攻心而口不择言，然而说出去的话如同泼出去的水一样，是难以收回的。可想而知，一旦事情恶化到这样的程度，哪怕销售员懊悔万分，也根本无法挽回或者弥补。与其等到覆水难收时再后悔，不如最大限度地调整好心情，也控制好自己的情绪，这样就能占据主动，成为主导，让事情朝着自己预期的方向发展。

作为一名培训机构的销售人员，刘瑞总是控制不好自己的情绪。最近这段时间，他始终在联系一位潜在的学员，因为这位学员一直想参加培训，系统地学习课程。当然，这位学员并不像刘瑞所期待的那样豪爽，更不是横下心来就能马上做决定的人。这位学员只是一名普普通通的职场员工，小时候家境还不好，费尽千辛万苦才大学毕业，工作以后省吃俭用才积攒了一些钱，想要提升自己。也许是人生经历的影响吧，这位学员对于参加培训的事情非常谨慎，他已经在好几家培训机构比较过，也考虑了一个多月，却迟迟没有下定决心。

刘瑞每次打电话询问学员考虑得怎么样时，学员总是说："我还没有一定要学习的冲动，再等等吧！"刘瑞问："那您是对于课程有什么不满意的吗？"学员说："也没有什么不满意的，就像谈恋爱一样，没有怦然心动的感觉，你明白我的感受吗？"起初，刘瑞每次都说明白了学员的感受，然而随着次数的渐渐增多，看着学员"少年不识愁滋味，为赋新词强说愁"的样子，刘瑞感到越来越不耐烦。在又一次给学员打电话时，学员说："要不我等周末再去看一下，看看能不能找到让我怦然心动的课程热点。"没想到，等待学员的不是刘瑞热情依旧的回答，刘瑞反而大吼一声："好吧，我觉得您也不用来看了，等您来的时候，就按照您这慢吞吞如同蜗牛一样的节奏，原本应该是您同班同学的学员都已经毕业了。"可想而知，学员再也没有和刘瑞联系，而是去了另外一家培训机构交了报名费，参加了心仪已久的培训。

实际上，学员提出想再和刘瑞斟酌一下课程，已经是到了下决心的前夕，然而，刘瑞因为缺乏耐心，一时冲动没有控制好自己的情绪，导致客户流失，就这样眼睁睁地看着煮熟的鸭子飞了。不得不说，刘瑞是败给了情绪，而失去了学员。

作为一名销售人员，为了给客户留下首尾一致的好印象，为了真正地得到客户的心，一定要有足够的耐心，一定要真正控制好情绪，任何时候都不要怒怼客户。尽管有很多销售人员把自己定义为销售顾问，或者把自己定义为专家，但是实际上大多数销售行业都属于服务行业，目的就是以自己的产品服务好客户。无论产品本身的质量如何，销售员一定要以优质的销售服务给客户带来良好的购物体验。作为销售员，除了在面对客户时控制好情绪，也要调整好自身的情绪。众所周知，销售工作的压力是很大的，销售员一定要有超强的承受能力，既承受压力，也调整好情绪，才能在销售工作中如鱼得水。

2012 年 2 月 19 日，王丹洁正式加入聚英这个大家庭。其实，在人才招聘市场上，王丹洁并没有过多地关注聚英国际。然而，在招聘会现场，聚英的招聘人员比任何单位都要热情，所以王丹洁受到感染，就抱着试一试的心态参加了聚英国际的面试。

毋庸置疑，面试又是一场肉搏和厮杀。最终，王丹洁以最后一名的面试成绩留在了聚英国际，她的内心真的特别受打击。但是她当时非常喜欢聚英国际的氛围，所以憋着一股子劲想着一定要做出成绩。有谁能想象，才入职两天，王丹洁还没有初步认识和适应公司呢，就有一起入职的新员工签单了。第五天，又有两个新员工签单。得到这样的消息，王丹洁内心很着急，每天拼命地打电话，几乎每天都能得到电话量最多奖。然而，就是没有客户成交。为此，王丹洁每天晚上都坚持加班到 9 点才回家，10 天，20 天，一个月过去了，还是一个客户都没有。王丹洁开始怀疑自己，开始想放弃。

正当此时，公司下发通知要举办一场公开课，王丹洁暗暗下定决心要抓住这个机会。为此，她提前拼尽全力邀约了 6 家客户，结果又是一家没成交。课程结束，深受打击的王丹洁趴在桌子上哭了，觉得自己真的要坚持不下去了。在总监的和同事们的开导下，她才勉强支撑着自己，抱着试一试的心态给听完课程的客户打电话进行回访。没想到，正是这波电话挽救了她，最终，获得了人生中的第一个订单。她的客户精辉贸易的高总相信她，并在《卓越企业工程》上购买了聚英国际的系统，投资合作 6.98 万元，还在 4 月介绍一家企业客户在聚英国际投资 14.98 万元。这两笔订单的成交，为王丹洁殿定了很好的基础，最后她成为所有新人里第一个晋升经理的。后来，高总还与聚英国际的董事长成为了很好的合作伙伴，现在依旧联系密切。时至今日，王丹洁依然深深地记着一个道理：“坚持就是胜利！”

人是情感动物，人人都有情感。王丹洁在很长时间都不开单的情况下，选择更加努力，全力以赴地坚持，就是因为她能调整好情绪，最大限度地发掘自身的潜力。后来，当王丹洁失去信心、意念动摇的时候，又得到了总监的鼓励，由此收获了人生中的第一个成交客户。不得不说，作为销售人员调整好情绪很重要，既要在与客户交往的过程中调整好情绪，也要努力战胜自身的负面情绪，才能战胜自我，掌控命运。

曾经有位名人说，一个人能否获得成功，最关键的在于努力控制痛苦与快乐，而不是被这两种极端的情绪所干扰，导致自己完全失去控制，也导致人生变得盲目。如今，麦当劳已经成为开遍全球的美食和快餐，麦当劳的创始人曾经说过，每次只为一个难题操心，他才能保持专心致志，也才能每天都以清醒的头脑应付接踵而至的顾客。

毫无疑问，现代社会生存压力越来越大，竞争更加激烈，很多人每天都面临无法想象的困境和看似不能突破的挑战，就更要时刻调整好心情，保持轻松愉悦，从而才能铆足精神应对人生，也才能最大限度地激发自身的潜力，拥有美好的人生。要想做到这一点，就要求销售员一定要有积极乐观的人生态度，而不要在遇到小小的问题时就马上被忧愁困扰，更不要总是愁容满面。正如人们常说的，笑着也是一天，哭着也是一天，为何要选择哭着度过人生的每一天呢？

此外，还要拥有宽容的心态，理解和体谅身边的人，哪怕遭到他人无心的伤害，也不要马上就情绪冲动，被愤怒冲昏头脑。记住，只有冷静理智，才能对事情有客观的预估，才能使事情得到更好的处理。当然，情绪是河流，是需要不断流通的，唯有让不良情绪发泄出去，情绪的河流才能保持清澈。当发现自己的心情郁郁寡欢时，不要任由情绪肆意横流，而要调整好情绪，或者采取恰当的方法适时宣泄和疏导情绪，这样才能让情绪缓缓流淌，保持新鲜和活力。

总之，不管作为销售员还是作为普通人，都要合理地疏导和宣泄自己的情绪，才能最大限度地打开情绪的闸门，才能让人生始终愉悦轻松，保持最佳状态。

营销秘籍

人是有情感的动物，每个人都有情绪，销售员一定要善于驾驭情绪这匹野马，才能掌控情绪为自己所用。对于理智的人而言，情绪是成功的助推器，对于冲动的人而言，情绪也时常像脱缰野马一样不受控制，随意撒欢，甚至给自己和他人都造成无法挽回的伤害。作为销售人员，一定要尽力控制好自己的情绪，唯有驾驭情绪这匹野马，才能在销售的道路上驰骋千里。

第二章

洞察客户内心，把握客户脉搏

即使是经验丰富的销售员，也不能说自己对客户是百分百把握的。从心理学的角度而言，每个人都是世界上独一无二的生命个体，每个人甚至无法完全地了解自己的内心，更别说对别人的洞察能否做到深刻、了然。然而，作为一个销售员，最该做的恰恰是洞察客户内心，把握客户脉搏。如何才能做到这一点呢？即使不能完全做到，也必须拼尽全力去做。

5. 如何应对偏执型客户

我从不喜欢面对偏执型客户，相信大多数人也和我一样。每当面对偏执型客户，我就会觉得头疼。作为销售员，大多数人在遇到偏执型客户时都会本能地做出反应，那就是逃避或者抵抗。这实际上是人的本能反应，是不需要经过思考就能做出的反应。

说起本能反应，就不得不说人类大脑的特殊构造。在人的大脑里，有个属于淋巴系统的结构组织是专门连接情感和体验的，能够意识到危险，发出情感预警，因而会对进入大脑的刺激进行筛查和分类、判断。这个结构组织就叫“杏仁核”。“杏仁核”是大脑中最古老的存在，因此也被称为“衰老”的大脑，或者是“爬行虫类时代”大脑。正是在“杏仁核”的作用下，大脑可以在最短的时间内凭着本能完成对信息的筛查，这种筛查完全是在无意识状态下进行的，不需要有意识的思考。

当然，“杏仁核”对危险的反应也是非常直截了当的，那就是面对、逃避或者保持现状。当“杏仁核”发出情感预警时，人的身体就会做出本能的反应，例如分泌出大量肾上腺素、心跳加速等等。然而，杏仁核做出的直接反应也未必都是正确的。众所周知，老司机开车甚至不知道哪个是刹车，哪个是油门，就凭着本能在危急情况下做出刹车的反应。而很多新手司机当遇到危险的时候再去思考应该刹车还是应该拐弯时，危险往往已经发生。由此可见，“杏仁核”在危险情况下的直接反应，能保证人身安全。但是在某些特殊情况下，“杏仁核”的直接反应也会给人带来危险。例如在大森林里遇到一头熊，无论是本能地逃跑，还是与熊搏斗，毫无疑问，都是死路一条。在这种情况下，理性思考就派上用场，即应该站在原地一动不动或者躺在地上装死，而不要以任何过激的举动刺激熊做出疯狂的反应。毫无疑问，这种情况下是不能遵循“杏仁核”指挥的，而要以冷静和理智取胜。

也许有人会说，销售当然不是本能反应。没错，销售不是本能反应，但是在销售的过程中，销售员经常需要做出反应，或者是本能反应，或者是理性反应。试想一下，销售员如果总是做出本能反应，那么当遇到人类社会中的大棕熊时，根本无法逃走。面对不同性格的客户，销售员唯有理性思考，发挥高情商，做出最佳反应，才能给予客户最完美的回馈。

毫无疑问，每个销售员都喜欢从谏如流的客户，他们更愿意采纳销售员的意见，也能够更轻松地接受销售员的建议。但是，没有任何销售员有那样的好运气总能遇到从谏如流的客户，很多销售员都会碰到偏执的客户，他们就像大棕熊一样充满力量，而且根本不受任何指挥。在这种情况下，销售员应该怎样做呢？

作为一名经验丰富的销售员，小娜成功地搞定了很多难缠的客户，但是她从未遇到过眼前这样的客户。这个客户对小娜提出的任何方案和建议，都保持默不作声，一旦开口就咄咄逼人，而沉默的时候又用犀利的眼睛看着小娜，似乎小娜不是他的销售顾问，而是他的阶级敌人一样。

和这位客户同行的两个人态度则友善很多，他们积极地与小娜交流，还不时地对小娜提出问题。出于本能，小娜开始逃避。如果她眼前只有这个难缠的客户，她也许还能鼓起勇气与对方尝试着交流，但是既然有和颜悦色的客户可以选择，小娜还有何必要非要热脸贴着冷屁股呢？尽管小娜潜意识里知道不能放弃这个冷漠的客户——他很有可能是决策人，但是在坚冰面前，她还是毫不犹豫投奔了暖暖的阳春。最终，小娜虽然成功地与客户的同行人攀谈开，但是她却失去了主动权，因为同行人在与小娜聊得热火朝天之后，对客户说："你觉得怎么样呢？"客户只是皱了皱眉头，两位同行人就异口同声对小娜说："这样吧，我们回去商量一下再答复你。"如此一来，小娜的辛苦全白费了，而且还有可能因为没有与客户进行沟通，彻底失去了与这个客户成交的机会。

小娜理性上知道要与那位冷漠的决策人交流，为何却选择了逃避呢？是因为在当时，"杏仁核"占据上风，而理性则位于下风。小娜不知道她之所以会选择本能的逃避行为，是因为她没有能力管控好自身的情绪，也因此导致销售的执行力下降。在与客户正面交锋之前，小娜其实很清楚自己要按照销售计划逐步推进，最终却败给了直觉和感性，导致自己在销售中处于败局。

从生物学的角度来看，人本能的逃避行为与意志力、能力都没有必然关系，是因为当人头脑中的"杏仁核"做出逃避的情感预警时，身体就会随之发生反应，为了准备好逃避或者反抗，血液也以最快的速度经过消化道，分布到人体的肌肉和四肢中。与此同时，人的心跳会加快，肾上腺素也大量释放，导致思维变得混乱。在浓重得如同迷雾一般的情感中，一切的销售技巧和意识都会迷失，因而即使是经验丰富的销售员遭遇这样的困境，也会变得笨嘴拙舌，甚至完全不知道自己应该说些什么。

由此可见，面对偏执型客户，最重要的在于保持理性，保持冷静，而不要因为“杏仁核”的作用，就导致自己情绪失控，情感失态。其实，只要情绪和情感的主体保持理智清醒，哪怕客户偏执或者耽于纠缠，销售员也能调动自己所有的力量，从而给予客户以最好的解答和积极的引导。当然，在进行销售训练时，是必须注意到这一点的，否则就会进入低效能状态，让自己窘态百出。当然，这种技能并非与生俱来，相反，本能的力量非常强大，只有进行长期不断反复的训练，销售员才能成功地控制自身的情感，才能让自己以高情商彻底征服偏执的客户。

营销秘籍

当客户的“杏仁核”遭遇销售员的“杏仁核”时，可想而知情况有多么糟糕。明智的销售员不会与客户以硬碰硬，而是会避直就曲。作为销售员，千万不要冲动，只有树立大局观意识，才能理性地控制情绪，从而成功掌控局面。否则，当销售员一味地因为“杏仁核”的作用而变得偏执，就会与偏执的客户以硬碰硬，导致事情的发展更出乎预料，变得不可收拾。

6. 以退为进，轻松成交客户

正如前文所说的，唯有保持积极理性的情绪，销售员才能保持销售水平，牢记销售技能，也才能在面对客户的纠缠和故意刁难时，仍然以高水平解决问题。如果仅靠“杏仁核”解决问题，那么销售员难免会直接反抗或者消极逃避，这无疑不能征服客户。要想征服客户，就要发挥高情商，才能避开消极反应的触发点，从而合理适度地管控自己的情绪，解决好那些横亘在眼前、不得不解决的问题。

面对偏执型客户，他们或者默不作声，或者极具攻击性，摆出一副完全不配合的样子，对这样的客户视若无睹是很糟糕的，因为这样的无视反而会激怒这些客户，甚至让他们直截了当地做出与你的预期完全相反的反应。为了避免无用功，为了让销售达到预期，明智的销售员会采取以退为进的方式，对客户进行合理适度的引导。当然，这绝不是以毫不客气的口吻指出客户的错误或者不足，而是以退为进，以恰到好处的方式给予客户一定的提醒。例如，可以对那位极不情愿的客户说：“很感谢在座的各位能在百忙之中来参加会谈，不过，我认为我们的谈话方向有些偏颇，不如调整一下，你觉得呢？杰西？”毫无疑问，杰西就是那位不愿意面对你的客户，你带着这样谦逊的态度，以求教的姿态向杰西示好，通常情况下，杰西是不会继续冷漠下去的，至少会给你一些善意的表示。这样以退为进，在面对偏执型客户时，实际上是以尊重作为敲门砖，敲开客户的心门，让客户感受到你的好意。

作为一名优秀的销售人员，亚林已经在某保险公司工作了18年，是不折不扣的保险专家。亚林非常专业，对于销售也颇有心得。有一次，亚林在一次演讲会上认识了王总，王总不但自己有购买保险的需求，而且还想给公司里的人也购买保险，为此亚林给他制定了详细的保险方案。从亚林这里得到专业贴心的服务后，王总坚持要把自己的好朋友——事业做得更大的张总介绍给亚林，无奈张总一直忙于公务，抽不出身来与亚林会面。王总对此很热心，居然亲自做东，把亚林和张总都请到了饭局上。当着亚林的面，王总直截了当地告诉张总："亚林的保险业务水平是非常高的，我认为她为我做的保险计划几乎完美无瑕，无懈可击。我建议你也让亚林当你的保险人，还可以给公司里的员工也上一些商业保险呢！"对于王总的推荐，张总一副不以为然的样子，而且不愿意搭茬。

听完王总的介绍，张总顾左右而言他，说起与王总即将合作的项目。就这样，王总说保险，推销亚林，张总说项目，他们两个人自说自话，就像两条并行不悖的平行线。亚林当然知道这一切都是因为自己而起，因此她对张总说："张总，您那么忙，还来参加宴会，亲自接见我，我很感激。不过，我觉得您今天不想谈保险，我对您刚才说起的项目却很感兴趣。不如这样，您和王总作为行家谈项目，我就作为局外人，说一些浅见拙识，就算抛砖引玉，如何？"听到亚林这一番不卑不亢又满怀敬意的话，张总再也不好意思对亚林视若无睹了，因而直接回答："我今天的确对保险不感兴趣。"亚林很坦然地说："没关系，那我就当您和王总的听众。"接下来的时间里，张总和王总针对项目畅所欲言，亚林也很认真地听，给出局外人最中肯的意见，尤其是亚林对于项目的一些见解还很有深度，这让张总对亚林刮目相看。一段时间之后，张总主动和亚林谈起了保险。

诚然，亚林采用的正是以退为进的销售策略和技巧。当偏执的张总对她故意漠视时，她既没有因为觉得受了委屈而对张总恼羞成怒，也没有因为害怕张总而本能地逃避，而是完全接受张总对她的态度，也愿意放下自己的话题，参与张总感兴趣的话题，还像一位虚心好学的学生一样保持对张总恭敬和请教的态度。可想而知，亚林如此地谦虚和真诚，打动了张总，而在谈话过程中表现出来的见地，又让张总对亚林刮目相看。正是在不知不觉中，亚林征服了张总，也把自己的业务做成了。

试想一下，如果亚林对张总的表现做出过激的反应，或者直接指责张总不尊重她，或者对张总采取逃避的态度，匆忙结束谈话，那么这第一回合的失败，一定会让亚林在张总面前彻底败下阵来，未来要想扭转败局就很困难了。

毋庸置疑，亚林是一个能够战胜本能，也能够控制自身情绪的人。她没有在“杏仁核”的指挥下逃避或者盲目反抗，而是以理性控制自己，让自己成为情绪和情感的主宰，这样才能最大限度地保持自己在张总面前的风度，也赢得了张总的尊重和信任。当然，我们不能说亚林是完全凭着情商取胜的，毕竟她 18 年的从业经验也为她提供了更大的空间和更广阔的舞台。亚林之所以能够成就自我，是她的专业技能和经验与高情商的完美融合。作为一名销售员，只有全方位地发展，才能在销售中有突出的表现，也才能成就卓越的自己。

营销秘籍

每个客户都想被尊重，销售员就一定要避免逼迫客户。很多销售员都以铁腕手段为骄傲，因而在与客户相处的过程中，他们总是自以为是，觉得自己是专业人士，就对客户指手画脚。殊不知，客户花钱是来买服务的，而不是来受气的，哪怕销售员的专业水准的确很高，销售能力也很强，也不要轻视客户，更不要居高临下对待客户。当与客户之间产生分歧，或者与客户的争执进入白热化阶段时，明智的销售员就会采取暂时退步的方式，以退为进，给客户更多的时间思考，也给客户更大的空间去选择。

7. 鞋子是否合脚，只有脚知道

灰姑娘的水晶鞋，被她继母养育的两个女儿抢去穿之后，那两个姑娘的脚可没少受罪，但是她们就算把脚砍掉一块，也没能真正穿到鞋子里。看起来那么小巧的鞋子，灰姑娘轻轻松松就穿进去了，所以才能被白马王子找到，也才能得到白马王子真心的爱护。那么，当销售员面对要买“鞋子”的客户，应该怎么做才能让客户知道“鞋子”的确很“合脚”呢？很多销售员对自己要卖的“鞋子”并不了解，因而连自己对“鞋子”的感受都说不出来，又如何能说服客户怦然心动购买“鞋子”，或者说服客户穿上喜欢的“鞋子”去尝试呢？每个人都有“杏仁核”，客户当然也不例外，因而每个客户都会本能地做出反应。每当这时候，销售员就会觉得非常苦恼，甚至无以应对。归根结底，销售员所接受的技能培训之中，并不包含对客户的大脑做出准确预期和充分预判。

很多销售员与客户维持看似友好的关系，实际上只是在销售法则的指导下，与客户保持最基本的关系，保持表面上的亲近。当销售员真正做到发自内心地为客户着想时，才能赢得客户的认可，也才能得到客户的信赖。毫无疑问，客户在成交之前内心是非常焦虑的，且有很多疑惑。在这种情况下，直截了当地询问客户是否还有更多的疑问当然不是好办法，这非但不能彻底消除客户的疑惑，还很有可能让客户变得更加焦虑不安，甚至紧张恐慌。如果能发挥高情商，换一种方式，避免刺激客户的“杏仁核”，效果往往会更好。否则就会让原本进展良好的深度交流变得流于形式，根本无法继续针对关键问题展开讨论。

高情商的销售员会向客户呈现出更安全的销售方式，对于客户而言，唯有在感到安全的情况下，才不会紧张不安。也唯有在轻松自如的环境里，他们才愿意分享更丰富的信息，从而擦亮眼睛看清楚销售的真相。也许有的销售员会觉得客户如此清醒并非一件好事，那么试想一下，如果客户不能保持清醒，稀里糊涂地达成交易，那么等待着销售员的必然是退单，或者导致售后服务举步维艰。人生要先苦后甜，选择把问题解决在前面的销售员，也是先苦后甜。

作为厂里的推销员，马波几乎每隔一段时间就会出差跑业务。对于这些外勤销售员，厂里给的待遇很高，尤其是在出差期间更会给予一定的住宿、餐饮补助，如果需要对客户进行攻关，厂里还会批一定的经费。

这次，马波特意拜访的是一位大客户，为此还带了一些当地的土特产送给大客户——一家合作单位的负责人。看到马波大包小包地来了，客户很高兴，所谓千里送鹅毛，礼轻情意重，因此客户对马波也表现出很高的热情。在一番寒暄之后，谈判进入正题。在客户琐碎的提问中，马波渐渐地失去了耐心，心里有些焦躁起来。当谈判进展过半时，马波问客户：“针对现在使用的产品，你们是否觉得有弊端呢？”这个问题让原本放松的客户突然变得紧张起来，客户认真地想了想：我不能回答是，否则就会让对方觉得我们的购买行为是必需的，且是不能延误的，但是我也不能回答否，否则我为何要与他进行这样一番交谈呢？就这样，客户表现出很为难的样子，一时不知道如何回答才好。原本非常和谐融洽的交谈氛围瞬间冷淡下来，客户甚至觉得继续进行谈判已经没有太大的意义，因而表现得很沮丧。

实际上，马波与客户之间有一个好的开始，看到马波路途那么遥远却带来了土特产，客户心里对马波已经变得亲近了。然而，马波这个封闭式的提问让客户觉得很尴尬，也不知道如何回答，这才导致原本暖意融融的谈话氛围突然间降至冰点，客户甚至觉得有些尴尬，内心深处也情不自禁开始排斥和抗拒马波。不得不说，作为一名资深推销员，马波的这个提问很失败。如果马波能够改变一种方式，问客户："您觉得现在正在使用的产品如何，有哪些地方需要改进吗？"仅从表面听起来，这样的提问似乎更是划定了范围，实际上却能给予客户很大的升发空间，也能让客户更容易表述。

从这个角度而言，销售员向客户提问一定要讲究方式方法，而不要因为一点小小的问题，就把客户逼入死角，否则一旦引起客户的"杏仁核"发生应激反应，做出极端的应激行为，前面的很多努力和铺垫都会前功尽弃。作为销售员，一定不要激发客户的过激反应，而要更加倾向于引导客户，以理智和情商作为征服客户的利器。

很多经验丰富的销售员，常常因为销售技巧已经落伍或者过时，导致销售的道路越走越窄。时代在不停地向前发展，每个人都要与时俱进，根据销售的实战情况，发挥自己的能力，也要不断学习和掌握新的销售技能。当然，任何学习都不是一蹴而就的，最重要的是要坚持重复与联系，才能打破固化思维，让人生坚持发展，不断向前，获得突破。作为销售员一定要记住，成功是没有捷径的，坚持练习才能不断地超越和突破自我，才能在销售领域做出属于自己的一番成就。毋庸置疑，哪怕对于同一件事情或者同一种情况，如果做出不同的反应，那么结果一定也是迥然不同的。所以销售员还要努力提升情商,以此作为提升和完善自我的基础,让自己拥有更多的资本,从而在销售领域如鱼得水，游刃有余。既然鞋子是否合脚只有脚知道，那么销售员就要穿上鞋子认真地走一程，于自己这是一种全新的体验，于客户则是最具有说服力的事实。

营销秘籍

作为销售员，要帮助客户知道鞋子是否合脚。然而，销售员又不是客户，所以不可能地真正了解客户的所思所想。作为销售员，要想把销售工作做得恰到好处，就要更深入地了解客户，也要设身处地为客户着想，才能尽量做到换位思考，也才能把话说到客户的心里，得到客户的认可和欣赏。可想而知，只有做好各个方面的准备与铺垫，销售工作才能顺利地进行下去，才能取得事半功倍的效果。

8. 发挥影响力，影响客户于无形

人与人之间都是有影响力的，一个销售员如果能够发挥自身的影响力，在不知不觉中影响客户，那么销售工作一定会水到渠成。在现实生活中，影响力很常见，不了解影响力的人根本无从觉察到影响力的存在，熟悉和了解影响力的人却能最大限度地发挥影响力的作用。很多销售员也许会说，客户与销售员位于两极，甚至处于对立的状态中，这就限定了影响力。没错，当面对一个对我们心怀抵触的人，我们的影响力就会大打折扣。那么，我们要怎样才能摆脱他人的抵触与抗拒，让自己不再徒劳无功地被抗拒呢？影响力并非与生俱来的，也并非不可改变，只要我们坚持去做，认真去做，还是能够发挥影响力的，进而在无形中影响客户，甚至改变客户。

从大的方面来说，影响力也属于情商的范畴，而且与情商密切相关。很多高情商的领导者都拥有很强的影响力。尤其是历史上那些伟大的领袖，更是振臂一呼，应者云集，不得不说，他们都具有强大的磁场，也能够激发出自身的力量，创造人生的奇迹。在小圈子里，他们就像是人际交往的中心和旋涡，具有超强的吸引力，吸引着无数优秀的人才围绕在他们的身边，也为他们贡献出自己力所能及的力量。当一个人凝聚了更多人的力量时，这种力量必然是强大的，也是让人望而生畏的。

当然，要想拥有影响力，首先必须做出改变，让自己获得成长与提升。随着社会的发展，如今几乎每个人都面临着超强的压力，也面临着巨大的挑战，唯有不断地坚持向前，才能突破自我，才能有所创新。而对于那些墨守成规、不愿意改变的人来说，除非他们面对的对手也是惰性的，他们才能享受一时的安稳。正如人们常说的，生活如同逆水行舟，不进则退，改变也是如此。当置身于改变的大环境之中，一成不变也就成了弊病，也必然导致有些人在历史的洪流中被淹没。

大学毕业后，一直想从事行政工作的小琴面试了好几家公司，却始终没有找到心仪的工作。为此，她只好勉为其难地选择了从事销售行业，原本她是抱着骑驴找马的态度做的，最终却发现销售工作不但具有极大的挑战性，而且也能让人在短时间内进行学习。从小就勤奋好学的小琴发现了销售行业的魅力，便舍不得离开了，最终她下定决心一定要做好销售工作，站稳脚跟，改变命运。

从最初的消极抵抗，当一天和尚撞一天钟，到心态改变以后，小琴对待工作的态度和策略也完全不同了。以前，小琴上班的时候总是“打酱油”，宁愿坐在工位上玩，也不愿意给客户打电话。如今，小琴每天都争分夺秒地工作，不浪费一分一秒地给客户打电话，如此坚持了一段时间之后，小琴发现自己在工作上有了突飞猛进的发展，也越来越能够驾轻就熟了。在坚持到第四个月时，一直依靠微薄的底薪勉强支撑的小琴，居然成功地签约人生中的第一单。小琴高兴极了，从此之后她厚积薄发，一发而不可收，接连开单，不但在经济上有了很大的收获，最重要的是找到了自信，也意识到自己的人生拥有无限的可能性。面对小琴的改变，就连妈妈都说小琴就像变了个人一样。

可想而知，经过这样的改变，小琴一定会有所收获，也有所成就。实际上，小琴并非因为勤奋才拥有好运气，而是因为她调整好心态，做出改变自己的决定后，整个人都变得意气风发起来。这种积极向上的乐观态度，不知不觉就会影响客户，让客户感受到了小琴对于生命的尊重和热爱。人人都喜欢与拥有正能量的人相处，小琴身边的人也是如此，包括小琴的客户。所以小琴从改变中得到的不仅是勤奋自信，还有勇敢无前的人生态度。

在销售领域，很多人都属于骑在栅栏上的人，他们的一条腿在栅栏里，一条腿在栅栏外，而屁股则横亘在栅栏上。毫无疑问，这样的姿势让人感到极其不舒服，一切都是他们的犹豫不决和无所作为造成的。

很多在农村生活过的人都知道，不管天时如何，每个依靠土地生活的人都要保持勤劳的姿态。例如，他们每天都要日出而作，日落而息，把汗水滴在土地上，摔成八瓣。在农村，那些游手好闲的人往往没有好生活，因为他们太懒惰，从来没有行动。常言道，早起的鸟儿有虫吃。对于勤劳的人而言，地里每天都有很多活儿要干，而对于懒惰的人而言，地里总是没有活儿可干。正是这种截然相反的态度，让农村很多人的命运走向两个极端，变得截然不同。

作为销售员，一定要耕耘好自己的一亩三分地，抛洒汗水，才能滋养土地。而现实社会中，很多年轻人都眼高手低，好高骛远。殊不知，对于年轻人而言，与其把更多的时间和精力浪费在抱怨或者无所事事上，不如最大限度地激发出自身的潜能，让自己真正开始行动，去把事情做得更好。也许未必能实现最好，但是只要真正努力了，认真去做了，就比停留在原地更好。所以，朋友们，一定要先做出改变自己的决定，一定要在提升和完善自我的道路上走得更远一些，才能真的发生改变，才能让人生不断推进，看到希望。

营销秘籍

销售员拥有影响力，就会如虎添翼。影响力是一种非常神奇的力量，而且在生活中频繁发生，对人们起到潜移默化的影响。影响力最经典的表现，就是从众心理。很多人一旦看到身边有人做了什么事情，他们也会马上跟风，这就是受到他人影响的典型表现。在销售过程中，如果销售员也能对客户发挥影响力，就能影响和改变客户于无形，可想而知在影响力的作用下，销售工作也能顺利推进，圆满完成。

9. 销售，是一门艺术

整个地球上最能卖房子的汤姆·霍普金斯，在有一段时间里几乎每天都能卖出去一幢房子。这个数据听起来让所有人都感到难以置信，而汤姆·霍普金斯相信自己之所以能做到这一点，是因为他把销售当成了一门艺术，也把销售当成了人生中必须做好的事情。在美国，人们给予汤姆·霍普金斯极高的评价，甚至称呼他为“国际销售界的传奇冠军”。正是因为在销售领域的成功和传奇经历，他才用了10年的时间就让自己从身无分文的穷小子，变成了能够自由支配金钱和财富的人人羡慕的销售冠军。仅从表面看起来，汤姆·霍普金斯似乎在销售方面有独特的天赋，而实际上，他不是销售奇才，他的成功来源于他的小小天赋和不懈的努力。有谁能想象他曾经每年只休息三天呢？而实际上他的确做到了一如既往地努力，哪怕被客户拒绝，他也只是认为自己得到了更接近客户的契机。在他的眼里，失败不是失败，而真的是成功的难得机会。正是因为积极乐观的好心态，正是因为能够以勇往直前的姿态驾驭销售，汤姆·霍普金斯才能掌握销售的艺术，成为全世界人人推崇的销售培训大师。

作为普通的推销员，我们需要做的不是抱怨，也不是妄自菲薄，而是要中肯地评价自己，要扬长避短，发现自己的优势和长处，弥补自己的弱势和短处，这样才能让自己有更好的提升，也能对客户做到宽容理解、尊重友爱。尤其是在面对客户时，很多推销员因为妄自菲薄，总是把客户看得高不可攀，最终反而让自己落入败局。还有的推销员则眼高手低，自视甚高，对客户不以为然，使得自己与客户的关系非常疏远，无法亲近起来。实际上，推销员不管是把客户当朋友，还是把客户当上帝，只要能够实现预期的目的，就是无可厚非和无可指责的。任何情况下，唯有摆正自己的位置，以轻松的心态面对客户，才能发挥自身的聪明才智与幽默风趣，与客户之间建立良好的关系。

曾经，年仅17岁的汤姆·霍普金斯买不起车，只能骑着摩托车带着开着汽车的客户四处看房。有时候客户开车走了，他也只能骑着摩托车在后面追。在整整六个月的时间里，他都没有成功销售出去房子，因而只能继续穷困潦倒，被一文钱难倒。然而，他没有泄气，也没有放弃，而是继续不遗余力地努力，哪怕付出再多的辛苦也绝不退缩。终于，他的业绩渐渐有了起色，为此他一咬牙买下了一辆几乎是废铁的汽车，每天就开着这辆破旧的汽车做业务。

有一天，一位客户刚刚做到汤姆·霍普金斯的汽车副驾上，就发出一声尖叫。原来，客户的屁股坐到座位上凸起的钢丝上，被扎痛了。面对疼得龇牙咧嘴的客户，汤姆·霍普金斯居然淡定地说："你必须从我手里买房啊，买完房子才能下车。"听到这话，原本火冒三丈的客户不但消气了，还忍俊不禁地笑起来。在笑声中，这位客户已然与汤姆·霍普金斯成了朋友，可想而知，他成了汤姆·霍普金斯最忠诚的客户。

当客户被自己的破车扎了屁股，汤姆·霍普金斯非但没有着急忙慌向客户道歉，反而以这样一句幽默的话化解了客户和自己的尴尬，这就是销售的艺术。不得不说，汤姆·霍普金斯的情商是非常之高的，大多数销售员一旦看到无意间伤害了客户，当即就会吓得脑袋短路，哪里还能想出这样幽默的话来消除客户的尴尬，也让自己变得更从容呢。对于销售员而言，最重要的不是对客户毕恭毕敬，也不是把客户供在天上去瞻仰，而是在特定的情形下给予客户恰到好处的对待，哪怕与客户开开玩笑或者调侃一下客户，只要是合时宜的，就完全没关系。

作为一名销售人员，仅仅专业和敬业是远远不够的，还要提升情商，拥有高情商，才能在繁忙的工作之余更加关注自己和客户的心灵，才能让销售工作效率更高。很多销售员对销售工作都存在误解，总觉得唯有提升销售能力和水平，掌握销售技巧，才能打赢与客户之间的心理博弈战斗，殊不知，顶级的销售员与客户之间一定不是彼此对立、你死我活的关系，而是能够相互理解，尤其是能够设身处地为客户着想。很多销售员对待客户都有着一颗功利之心，总想马上催促客户成交，让自己看到效益，殊不知，客户并不傻，而且还很敏感。当销售员真心实意为客户着想，想要满足客户的需求时，客户是能够感觉到的。同样的道理，如果销售员只是把客户当成自己创造收益的载体，客户也会心知肚明。

真正的销售，是把客户的需求当成自己的需求，把客户对产品的期望当成自己对产品的期望。即使不能把每一位客户当朋友，也要尽量以淡然之心对待客户，这样在与客户相处时才会更轻松从容。实际上，很多关系最终都可以归结于人际关系，唯有把人际关系处理得恰到好处，销售才会水到渠成。因此在提升销售水平时，销售员一定不要把眼光局限在销售技能和水平方面，也可以更多地学习情商的知识，从而让情商在销售中发挥更好的作用，帮助人们达成心愿，实现预期。

营销秘籍

销售是一门艺术。很多销售员对客户过于恭敬，也有些销售员又对客户过于轻视。实际上，不管是过于轻视还是过于恭敬，都不是与客户相处的最好方法。作为销售员，一定要端正心态，以恰到好处的态度对待客户，这样才能营造轻松友好的氛围，与客户更好地相处。

第三章

玩转销售，不可不知的黄金法则

在销售行业有一个铁律，那就是：与其用嘴，不如用心；与其动嘴，先要动心。很多人误以为销售就是要动嘴皮子，实际上口若悬河、滔滔不绝固然是销售的功夫之一，但是拥有淡然平静的内心，才是最重要的。内心淡然，方才从容，在面对客户时也就少了几分急功近利，给予客户真正用心的服务。不管是新的销售人员，还是经验丰富的销售人员，都要掌握销售的黄金法则，才能在销售上有出色的表现，也才能从销售中收获更多。

10. 动嘴之前，要先用心

在大多数人心里，从事销售工作的人一定都是特别会说的，都有口吐莲花的真本事。实际上，说只是销售人员必备的基本功之一，也有能把生意说成的，但那都是会说之人，而不仅仅是能说之人。要想做好销售，把说的本领发挥得恰到好处，就要准确地区分能说与会说的区别。从本质上而言，能说只是嘴巴灵巧，舌头灵活而已，而会说则要更多地依靠内心。试想，一个销售人员如果只是机械地动动嘴巴，而从来不用心，那么他如何能够打开客户的心扉，成功地赢得客户的信任呢？

一个真正顶尖的销售人员，一定是发自内心地为客户着想，才能够顺其自然、水到渠成地帮助客户解决难题，也给予客户最好的销售服务体验。记住，作为销售员千万不要耍小聪明，也不要为了所谓的业绩就着急催促客户。客户会用心感受销售人员的心态，也会了解销售人员的真心实意。当销售人员出于真心为客户考虑而给予客户建议，客户一定会感动，也会认可销售人员所付出的努力和心意。而对于一个一心一意只想催促客户快速成交的销售人员，客户不会轻而易举地相信他，更不会给他以重托。

对于每个销售人员而言，与其用嘴巴，不如用心，因为用心才能打动客户，也才能真正得到客户的真心。而一味地玩弄嘴皮子，只会让客户感到虚伪和虚假，甚至给客户留下不好的印象，那就得不偿失了。

作为一名房地产经纪人，思思的销售总是能够打动客户的心，这使她的业绩在整个公司都排名靠前，也是佼佼者。为此，很多同事都来向思思取经。他们不能否认思思是很优秀的经纪人，但是也的确没看出思思有何过人之处。很多同事甚至对思思的言谈举止表示失望，觉得思思还不如自己更懂得销售技巧呢，对此思思总是笑而不语，非但不为自己辩解，还坦然承认自己的确没有过人之处。

有一次，思思带领一对小夫妻看房。这对小夫妻年纪轻轻，因而首选买一套一居室二手房，毕竟这样首付和月供的压力都很小。整个周末，他们都在跟着思思看房，也的确看上了思思重点推荐的一套房子。然而，在与业主见面交谈、协商签合同事宜时，这位业主却突然涨价了。这让思思觉得很尴尬，也让小夫妻很失望。为了弥补自己工作不到位给小夫妻带来的遗憾，思思当即就开始为小夫妻寻找其他合适的房子。然而，一居的房源很紧俏，在找遍所有房源都没有找到合适的房子之后，思思决定向小夫妻推荐80平方米的两居室。思思对小夫妻说："其实，我倒是建议你们考虑下两居室。两居室尽管总价更高一些，贷款的压力也会稍微增大，但是你们想啊，你们新婚燕尔，很快就会准备要孩子。一旦孩子出生，或者老人来帮忙，或者雇保姆，都需要多一间卧室才能住得开。一居室当然也有好处，就是压力小，却只能顾得了眼下这几年，而过了这几年就得考虑换房。到时候，房价上涨，换房的成本也增加，远远没有现在一步到位更好。"小夫妻觉得思思说得很有道理，因而当即跟着思思看了两居室。出乎意料的是，他们才看了一套两居室，就相中了，很顺利地买到了房子。小夫妻非常感谢思思，妻子还对思思说:“你和一般的房地产经纪人不一样,你说的话不是假大空的,而是真正为我们着想的。”思思笑了，说：“你们选择相信我，我当然要为你们着想啊！这是我的本职工作。”

从这个事例中不难看出，思思并没有华丽的销售技巧，而是以很朴实的语言和客户交流，也发自内心地真正为客户着想，而不是仅仅想着让客户尽快成交，为自己创造利润。正是因为这样的表现，思思才能赢得客户的尊重和信任。相信当这对小夫妻周围再有亲戚朋友需要购房时，他们一定会推荐思思，因为他们是发自内心认可思思的。

作为销售员，一定要记住一个真理，即当销售员真正用心地为客户考虑，客户一定会有所感知，也会有所回应。从这个角度来看，销售员还应该拥有丰富的人生经验和强大的共情能力。唯有如此，销售员才能设身处地为客户着想，也才能真正给予客户良好的销售服务体验，让客户把重任托付给销售员。

记住，在销售过程中，销售员并非说得越多越好，面对一个已经关闭了嘴巴和心灵的客户，销售员的喋喋不休只会惹人生厌。对于销售员而言，真正的成功是打开客户的心扉，是把每句话都有的放矢地说到客户的心里去，这样销售工作才能事半功倍，才能真正获得成功。有些客户喜欢在销售工作中占据主动，承担起滔滔不绝、口若悬河的角色，这种情况下销售员懂得倾听就显得更加重要。尤其是在与客户初次见面时，聪明的销售员不会自顾自地说个没完，而是首先充当好倾听者的角色，才能通过倾听了解客户的心理状态和情绪体验。总而言之，面对不同的客户，针对不同的情境，销售员一定要洞察客户的内心，了解客户的情绪，从而才能打动客户的内心，赢得客户的心。

营销秘籍

学会倾听，销售员才能用心与客户相处。仅仅从生理的角度而言，说话是一件很简单的事情，只需要上下嘴唇一碰，再让三寸不烂之舌活动一下，也许就能说出一连串的话来。然而，说话并不能算作真正意义上的表达，所谓表达是有目的有计划地组织语言，表达自己内心的感触和规划。尤其是作为销售员，要以沟通架起自己与客户之间的桥梁，更要注重语言的强大作用，发挥语言的特殊魅力，这样才能真正把话说得恰到好处，说到客户的心里。

11. 面对客户的刁难，你该怎么办

几乎每一个销售人员最害怕遇到的就是故意刁难的客户。因为当客户有心要鸡蛋里挑骨头，刻意刁难的时候，销售员往往不管怎么努力都无法达到客户的满意。对于销售员而言，刁难的客户就像是一场噩梦，尤其是很多客户还会不分时间场合地歇斯底里、大发脾气。不可否认的是，销售员也是人，哪怕是经验丰富的销售员，也总会有情绪即将崩溃或者失控的时候。然而，这也恰恰是考验销售员真功夫的时候。唯有在这样的紧要关头保持情绪的平稳，保持理智的清醒，销售员才能在气度上略胜一筹，也会在比起客户略显下风的地位中谋求胜算。之所以说销售员与客户相比在地位上略显下风，只是说在销售过程中，客户拥有更大的主动权和决策权，而并非意味着销售员和客户在人格上有何不平等。所以哪怕略显劣势，销售员依然可以气定神闲地面对客户，也可以保持理智和清醒想出应对客户的最佳策略。

面对一个咄咄逼人的客户，大部分销售人员都会被气愤冲昏头脑，导致言谈举止带上负面情绪，甚至有些不能控制好情绪的销售员还会不管不顾地与客户吵起来。不得不说，这个举动是非常愚蠢的，因为销售员与客户之间的博弈目的并不在于战胜客户，而在于让客户实现成交。如果只是在口舌之争上赢了客户，但是却失去了生意，这当然是赔本的买卖，赢了也不值得高兴，更不值得骄傲和自豪。作为理智的销售员，一定要牢记初心，而不要因为情绪这个拦路虎就变得歇斯底里，彻底忘记了自己的本心。从这个角度而言，一个被客户激怒的销售员，绝不是一个成熟的销售员，他的情绪就像孩子一样容易失去控制，也因此对于人生没有成功的把握。

每一个销售员都应该记住，越是面对客户的刁难，越是应该保持冷静，始终牢记自己的本心，按照既定的销售计划一步步往前推进，实现目标，这样才能给客户留下冷静睿智、宽容大度的印象，也才能摆脱毫无意义的争吵与争执。在良好的销售氛围和杰作中，销售计划才能顺利实现，销售目标才能顺利达成。

作为一家品牌空调的销售人员，亚飞每次遇到那些故意刁难的客户都被气得七窍生烟，甚至觉得自己必须改行，才能摆脱如此糟糕的局面。在她的暴怒情绪中，客户最终在发泄一通之后离去，亚飞等不及客户走到足够的距离之外，就开始恶狠狠地咒骂。虽然无法确定离开的客户到底有没有听到咒骂，但是亚飞渐渐地发现，原本对她比较认可的、还留在现场的客户，在听到她的咒骂之后，很快就会找借口离开，而且再也不愿意从她手里买空调。这是为什么呢？亚飞百思不得其解。

直到有一天，亚飞陪着闺蜜去选购婚纱，在一家婚纱店试了好几条婚纱之后，闺蜜始终不满意，因而决定再去别家看看。不等亚飞和闺蜜走远，负责帮助闺蜜试婚纱的销售员就鄙夷地说：“买不起还在这里试来试去，穷鬼！”当即，亚飞就怒目以视，坚持要回去找那个销售员算账，闺蜜拉住亚飞：“算了吧，干销售也不容易，做了无用功肯定心里憋屈。不过我原本对一条婚纱还相当满意的，想着如果在其他婚纱店没有合心意的就再回来，但是现在看来坚决不能回来买了，这个销售员太恶毒，坏了我的喜兴。”听了闺蜜的话，亚飞马上顿悟：“是啊，这句话和我平日里的诅咒相比已经很客气了，我那么诅咒客户，还有哪个客户敢在我手里买空调呢？”从此之后，亚飞彻底改掉了歇斯底里的坏毛病，即使面对再挑剔和苛责的客户，也能做到心平气和。渐渐地，亚飞的业绩越来越好，在工作上的表现也令人瞩目。

在销售过程中，客户表现出故意刁难的样子，或者是因为客户的性格本身如此，也或者是客户对于产品有心购买，所以比起对产品无意的客户来，会有更多的疑惑和质疑。然而，不论客户出于何种原因故意刁难，一名合格的销售员都要控制好自身的情绪，尽量做到设身处地为客户着想。假如销售员对客户用心，把客户担忧的问题都想在前面，主动消除客户的疑虑，那么客户还有什么可刁难的呢？从这个角度而言，要想减少客户的刁难，最好的办法就是急客户所急，想客户所想，也尽量提前满足客户的需求和欲望。

古人云，知己知彼百战不殆。从心理学的角度来说，销售员要想搞定这些难缠的客户，必须首先修炼自己的内心，让自己拥有强大的内心。最卓有成效的办法就是少抱怨，少焦虑，而是积极地去做，以开始作为一切事情的良好开端。在面对客户的过程中，一定不要因为客户的恶言恶语就失去职业道德和做人的准绳，而要相信自己一定能够把控局面，给予客户最好的引导。这样的自信会让销售员拥有强大的力量，也会让客户在销售员的专业指导下圆满地满足需求和解决问题。

当与客户发生矛盾和冲突时，迎难而上不是好方法，试图在口舌之争中取胜也不是好方法，而是应该采取谦虚的姿态，对客户不卑不亢。当客户步步紧逼时，还可以保持低姿态，从而始终牢记既定的销售目标，向着预期的销售结果奋进。既然被客户刁难对于销售行业而言是家常便饭，那么销售员就要练就强大的内心，拥有平静的情绪，具有超强的自控能力，这样才能在与客户的交往中占据主导位置。简而言之，面对客户的刁难，最好的办法就是以静制动，以不变应万变。

营销秘籍

面对客户的刁难，明智的销售员会保持内心平静。没有任何销售员愿意与难缠的客户打交道，更没有任何销售员愿意遭受客户的刁难。遗憾的是，在现实的销售工作中，销售员总会遇到形形色色的客户，也时常遭受客户的故意刁难，因而觉得委屈，甚至不愿意继续从事销售工作。不得不说，如果因为一个难缠的客户就放弃自己的职业选择，这是使人遗憾的，也会给人生带来无法挽回的损失和影响。明智的销售员会采取恰当的方法应对客户的刁难，而不会一味地畏缩和退缩，更不会轻易地放弃自己的职业选择。

12. 面对客户的拒绝，无须歇斯底里

如果说被刁难让销售人员感到很愤怒，那么被拒绝则让销售人员感到万分恼火，甚至歇斯底里。最让销售人员抓狂的是，很多时候他们还没有开口，就被客户一句话拒于千里之外，因而他们精心准备的很多说辞只能埋藏在心底，没有机会再对客户说出来。销售员在准备的过程中投入的时间和精力越多，他们在遭到客户拒绝时内心就会越窝火，也越会感到深深的挫败感。然而，在销售行业里，被拒绝和被刁难出现的频率都很高，甚至被拒绝的次数比被刁难的次数还多，因为被刁难至少已经与客户之间建立了联系，而被拒绝则很多情况下发生在与客户刚刚接触的时候。

客户为什么会拒绝销售人员呢？最常见的原因是因为客户没有需求。当然，没有需求只是概括性的表述，导致没有需求的具体原因也是不同的，有的客户真的没有需求，有的客户则是因为没有钱或者没有时间而导致需求不能得到合理的满足。还有的客户是因为受到打扰而心情不佳，因而直截了当就选择了拒绝。这是客户方面的原因。从销售人员这方面而言，行业中从业人员素质良莠不齐，导致给客户造成恶劣的印象，因而某个优秀的销售人员也会被殃及池鱼；或者销售人员缺乏必要的准备和专业素养，因而不能给客户留下良好的专业印象，导致无法得到客户的信任和托付，这也是很常见的

原因。

不管客户为何拒绝销售人员，销售人员的销售工作都要继续下去。很多心理素质差的销售人员一旦被拒绝，就会彻底放弃，甚至再也不敢联系拒绝他的客户以及其他还没有拒绝他的客户。不得不说，这种发自内心的胆怯会导致销售人员的职业生涯发展受到影响，也会导致拒绝成为销售人员职业生涯中的梦魇。正如人们常说的，胜败乃兵家常事，实际上被拒绝对于销售人员而言也是兵家常事。唯有从被拒绝中汲取经验和教训，不断地提升自己接受拒绝和面对拒绝的能力，销售人员才能坦然面对拒绝，也才能真正在销售的职业道路上走出去一大步。

作为刚刚毕业的大学生，小薇原本想从事行政工作，然而一直没有找到合适的，因而不得不委曲求全，开始从事化妆品推销。小薇的工作不是在柜台上等着客户购买，而是要带着化妆品四处推销，送货上门。才短短的半天下来，小薇就觉得自己已经用尽了一生的勇气，在一次又一次被拒绝之后，她真的是鼓起百倍的勇气才能继续进行陌生拜访。尤其是有一个客户看到小薇就像看到叫花子一样，当即重重地把门关上，这让小薇的眼泪瞬间就流下来了。

几个月之前，小薇还在大学校园里徜徉，还是父母心目中的宝贝女儿，还是老师和同学眼中品学兼优的好学生。然而，小薇带着希望毕业，渴望着能得到一份好工作，却发现自己挣扎在社会的底层，还要处处遭人白眼。听说销售工作很锻炼人，也因为销售工作的高薪，小薇就义无反顾去了保险公司，立志要当好一名保险代理人。才半天下来，她几次眼泪在眼眶里打转，还有一次眼泪簌簌而下，根本无法控制。小薇对自己说："小薇啊小薇，你可真脆弱，就这几次拒绝就把你打垮了吗？”经历了一天时间跑断腿之后，小薇回到公司，见到了师父。看着小薇红肿的眼睛，师父说：“我还以为你直接走了，不再回来了呢，能回来继续干，就是胜利。”听到师父对于自己的期望如此之低，小薇很惊讶，师父说：“哈哈，每一个留在这个行业里的人，都曾经经历过你今天的辛苦和委屈，而且这样的辛苦和委屈还将持续。如果有一天你能坦然面对客户的拒绝了，你也就有了‘剩者为王’的资格。”师父的话让小薇陷入了沉思，痛定思痛，她默默地告诉自己：让拒绝的暴风雨来得更猛烈些吧！

2014 年 8 月 11 号，武炎会正式加入聚英公司。此前，他在深圳从事幼师工作，因为不甘平庸，所以放弃了稳定的幼师工作，回到西安，想自己打拼。那时，武炎会简直觉得自己无所不能，甚至想要拯救全世界。看到武炎会跃跃欲试的样子，一直在西安生活的表姐建议他去聚英国际面试，从此步入职场。在表姐的建议下，武炎会简直意气风发。就这样，他怀着一颗傲气的心，通过面试正式加入聚英国际。

初入公司第一天，武炎会就感受到了同事们的热情，也觉得公司是一个很有激情和活力的公司。中午吃饭时，直属领导陈焕还热情地邀请武炎会一起吃饭。在这样的氛围中，武炎会更加迫不及待想要证明自己的实力，也为自己在同事和上司之前挣得面子。然而，尽管理想是丰满的，愿望是迫切的，但是现实却是残酷的。时间一天天，一个月又一个月地悄然流逝，武炎会的耐心渐渐地消耗殆尽，对于自己的信心也越来越薄弱。他感到越来越困惑，不止一次地想辞职。他想不明白：我每天都坚持打电话，怎么还没有结果，也没有客户成交呢？假如这个月还是没有业绩，我还不如换一份更适合自己的工作呢?

上司兰贝娜发现了武炎会的情绪有些异常，特意找到武炎会进行沟通，说："如果是你有能力，只是不想干这份工作，那么你可以辞职或者离开。但如果是你不行，那就是逃避，我觉得你如果面对困难是这样的态度，以后人生只会更加艰难。"听了上司的话，武炎会很不甘心。他默默地告诉自己："我一定要有能力，而不要当只会逃避的懦夫。"从此之后，武炎会更加勤奋。每天当同事们都在玩的时候，他在打电话；当同事们已经回家的时候，他还在打电话。

有一天下午，已经快要下班了。客户唐总对武炎会说："小武，带着你的资料过来找我。"此时，经理陈焕也正好在武炎会的身边，因而当即鼓励武炎会："快去，一定要去，我陪你一起去。"武炎会觉得心里暖暖的，暗暗想道："有这么担当的领导感觉真好，哪怕是第一次拜访客户也不觉得害怕了。"路上经过了一个半小时，他们终于到了客户那里。武炎会清楚地记得，经理与客户聊了 20 多分钟，客户就说："好的，我安排公司的财务转账给你们。"武炎会用崇拜、仰慕的眼神看着经理，暗暗发誓自己以后也要像经理一样，一点一点地突破自己，慢慢成长起来。

世上无难事，只怕有心人。再困难的事，也怕"坚持"二字。每个人要想成功，都要更加用心地做事情，而不要半途而废。只有勇敢地追求理想，挑战自我，勇于尝试，坚持到底，才能真正实现理想。在人生的道路上，一个人不能奢望什么，祈求什么，但要做好眼前的事，向期望的目标前进!

每个销售人员都曾经被拒绝过，尤其是新人，大多数都是在被拒绝的过程中成长起来的。实际上，被拒绝并没有什么，最重要的是销售人员面对拒绝时能否摆正心态，如何面对拒绝，下一次能否继续鼓起勇气去访问。这对于销售员的成长而言是至关重要的，因为客户尽管可以拒绝你的产品，却不能拒绝你的热情。作为销售员，当你始终坚持以真诚和热情去扣响客户的心门，迟早有一天能够真正走到客户的心里。

和很多工作相比，销售工作无疑是很锻炼人的，在销售行业里很多人都因为被拒绝而离开，真正能够接受拒绝、留下来的人，则是真正的剩者，也是真正的胜者。从这个角度而言，每个客户要想在销售界有所发展，有所成就，就必须拥有不怕拒绝、百折不挠的精神。

对于成功，大多数人都觉得必须要有能力、有水平，实际上，曾经有科学家经过研究证实，大多数人先天的条件其实相差无几，而之所以有的人能大获成功，有的人却始终与失败结缘，就是因为有的人内心强大，哪怕面对拒绝和失败也能再次站起来，迎难而上，而有的人却内心软弱，总是因为一次小小的挫折就轻易放弃，导致人生一蹶不振。首先，从内心而言，销售员要把被拒绝当成是工作的常态，甚至觉得哪一天不被拒绝反而不正常了呢，因为这说明销售员这一天没有拓客，或者说没有拜访陌生客户。其次，当拒绝真正发生时，不要总是把所有的情绪和注意力都集中在委屈上，而应该以合理的方式转移注意力，理性地分析遭到拒绝的原因，这样就能从被拒绝的经历中有所收获，也知道自己下次该怎么做，就能有效地缓解被拒绝的痛苦，也会因为具有更多获得成功的资本而骄傲、欣慰。这样一来，被拒绝也就没有那么不可接受了，有可能还会成为你不断提升自我的良好契机呢！

营销秘籍

如何处理好客户的拒绝，或者在遭遇客户拒绝后调整好自身的情绪，这几乎是每个销售员都难以迈过去而又必须迈过去的坎儿。尤其是在进行陌生拜访时，销售员在短时间内要遭遇接二连三的拒绝和闭门羹，就更要调整好自身情绪，端正心态和态度，这样才能一鼓作气，再接再厉，从容地面对客户的拒绝，继续勇敢地拜访客户。

13. 多取经，点点滴滴改变自己

我始终认为，要想成为一名优秀的销售人员，从书本上学来的销售经验或者技能，只能作为基础，而唯有更加频繁地取经，才能通过点点滴滴的进步和努力，向更优秀的前辈学习，从而提升和完善自己。常言道，听君一席话，胜读十年书。这句话告诉我们从经验丰富的前辈那里得到的指点，甚至比读书更重要，也是更加卓有成效的进步。

取经并不局限于向同行业从业人员取经，也不仅限于向资历比自己老、经验比自己丰富的前辈取经，而是可以向各行各业的人取经，也可以向新人取经。常言道，处处留心皆学问，常言又道，三人行必有我师。在与他人相处的过程中，唯有保持谦虚的心态，时刻都以空杯的精神充实和丰富自己的生活，才能以实际行动为自己打响保卫战。现代社会，提倡人人都要拥有终身学习的精神，因为不管是否做销售员，都要坚持终身学习，都要学会从身边的人身上学习各种各样的人生经验，丰富和拓宽人生的阅历，才能让自己变有底气，也拥有丰富的资历。

当然，销售行业还是不同于其他行业的，每个销售员必须拥有专业的精神，才能向着奋斗目标不断前进，最终实现伟大的人生理想。否则，如果销售员无视竞争对手的存在，那么根本不可能时刻提醒自己砥砺前行，更不可能依靠刻苦与努力打拼出属于自己的人生天地。记住，拥有进取心，时刻保持进步的姿态，也时刻坚持空杯心态，才能最大限度打开人生的视野，也真正拥有开阔的天地。销售工作比其他工作具有更大的挑战性，而且因为面对的客户是形形色色的人，所以要想做好销售工作，必须时刻保持学习的状态，也没有一定之规可以选择，因而必须保持灵活的心态，才能让人生积极奋进，也才能拥有进步的动力。

大学毕业后，夏丽和小米作为上下铺的好姐妹，一起四处奔波找工作，但是都没有找到特别合心意的。后来，夏丽听说表姐所在的单位正招聘销售人员，因而在表姐的引荐下，和小米一起成为销售人员。

从内心来说，夏丽觉得自己老实木讷，并不适合从事销售工作，相反，她觉得小米能言善道、心思灵活，是从事销售工作的不二人选。然而，进入公司一段时间后，夏丽本着笨鸟先飞的心态，对待工作非常认真，而且总是积极主动向优秀的同事请教，与一起进入公司的同事多多交流，相互启发和鼓励，最终夏丽才入职两个月就顺利地签约人生第一单。而小米呢，因为不愿意下苦功，而总想着自己是可以凭着聪明才智取胜的，最终反而落后于夏丽，在坚持了三个月都没有任何收获后，选择黯然离职。

在这个实例中，夏丽和小米对于工作的态度截然不同，夏丽觉得自己的心思不够灵活，因而处处主动积极，也不怕花费时间和力气。尤其是对于老同事和新同事，她更是虚心好学，向老同事请教工作经验，与新同事交流心得，相互支持和鼓励。再加上她本身就很勤奋，专业知识掌握牢固，因而她在销售方面取得了突飞猛进的发展，获得了丰厚的收获。而小米呢，因为心思比较灵活，总是觉得自己一定会有更好的发展，也能够凭借聪明机智取得好的结果，所以对于工作总是三心二意，也不愿意付出百分之百的努力和辛苦。最终，小米在工作上的表现还没有夏丽好，也因此而失去了工作。

不仅是销售行业，各行各业的人都应该怀有空杯心态，才能多多虚心求教，努力提升自己。很多人都曾读过《西游记》，在《西游记》中，唐僧为了取经，克服千难万险，哪怕遇到性命之忧也绝不退缩和放弃，最终才能取得真经，修成正果。当然，要想成功取经，最重要的是保持空杯心态，虚心好学。否则一个人总是自高自大，保持自满，又如何能够意识到自己需要学习和进步呢？

作为日本大名鼎鼎的销售大师，原一平的身高特别矮，只有 145 厘米，而且他还很瘦弱。他之所以能够成为伟大的销售大师，就是因为他拥有绝不服输、谦虚好学的精神。最初到明治保险公司时，原一平每天都要坚持拜访 15 个客户，这使原一平几乎没有时间顾及妻子和家庭。除了勤奋，原一平还满怀积极和热情，而且对于工作能够坚持不懈，向每一位成功者虚心请教和学习。由此可见，瘦小的原一平正是因为海纳百川，才能在销售行业有杰出的表现，也才能让自己突破自身的海拔，变得高大强壮起来。

当然，人无完人，每个人都会有缺点和弱点，如果想让自己变得强大起来，最好的办法就是客观地认知和评价自己，发现自身的劣势和不足。因为一个人如果觉得自己完美无瑕，就只会陷入沾沾自喜的情绪中，而无法主动自发地认知自己。相反，一个人唯有对自己的认识客观而又中肯，才能主动反思自我，才能让自己变得更加积极奋进。除此之外，作为销售员还要有危机意识。众所周知，销售行业的竞争是很激烈的，每个人唯有拥有竞争意识，才能在销售行业中坚持下去，鼓足力气，为自己赢得一席之地。尤其是在对手林立的环境中，销售人员要想始终立于不败之地，就要拥有危机意识，时刻意识到发展的趋势，也能够激励自己保持进步，突飞猛进。

营销秘籍

这个世界上，没有人能一蹴而就获得成功，销售人员更要点滴积累，才能以量变引起质变。对于销售新人而言，在学校里学习的专业知识固然重要，但却缺乏实践经验的指导。尤其是在走上工作岗位之后，缺乏经验往往会限制销售新人的发展，也使他们在销售过程中遭遇很多困境。明智的销售新人知道，唐僧都要去西天取经，作为新人为何不能主动向老人请教，从而让自己既有专业知识作为指导，又有销售经验作为补充，实现快速发展呢？

14. 客户需要的不是应声虫

和那些对客户颐指气使的销售人员相比，有些销售人员对客户态度毕恭毕敬，甚至达到了谦卑的程度。毋庸置疑，谦虚是可取的，但是自卑则是不可取的。从人格的角度而言，销售人员与客户完全是平等的，而从能力的角度来说，在从业领域内，销售人员应该成为客户的专业指导，从而给客户提供专业的意见。唯有如此，销售人员才能引导客户做出正确的选择，帮助客户合理地解决问题，满足客户的需求。

细心的人会发现，很多销售员对客户的服务态度极好，不管客户说什么或者做什么，他们都毫无原则随声附和，最终他们不是作为专业人士指引客户，而是被客户牵着鼻子走，毫无销售思路可言。相反，有些销售人员尽管尊重客户，却能够从专业角度不卑不亢给客户提出指导意见，当与客户意见相左的时候，或者觉得客户的意见不合理时，他们也能坚持自己的想法和主见，从而尽力说服客户。有些销售员可能担心不顺从客户，会激怒客户，甚至导致客户恼羞成怒，实际上只要销售员的出发点是好的，是能够帮助客户满足需求或者解决问题的，客户就会知道销售人员的心意，理智的客户也能做到从谏如流。总而言之，客户需要的不是应声虫，销售员必须有自信，相信自己在专业领域内可以成为客户的专业指导，而不要总是对客户随声附和，最终在客户心中完全失去价值。销售员要知道，客户之所以选择与销售人员交流，就是因为对产品质量不了解，对专业领域也很陌生，因而对于大多数客户而言，销售人员对于他们的意义绝不是简单的销售人员，也包括要给予他们专业中肯的建议，引导他们做出正确的选择，最终圆满地解决问题。

作为旅行团的旅游顾问，贾飞对客户的服务简直无可挑剔，他对客户毕恭毕敬，在为客户推荐旅行产品的过程中也总是考虑周到，给予客户最好的服务体验。按理来说，以贾飞的服务应该是能够博得客户认可与赏识的，但是贾飞却很少成交，这到底是为什么呢？

一直以来，经理对贾飞的勤奋与付出是很认可的，也看到贾飞整日忙忙碌碌，在工作时间内几乎每时每刻都在与客户交流。然而，贾飞总是白白辛苦一场，虽然费劲唇舌为客户介绍了很多旅游产品，最终客户却总是在别人那里签订合同，购买旅行产品，这让贾飞很是苦恼。有一天，经理终于忍不住跟贾飞一起与客户交谈，因为经理很想找到贾飞难于成交的原因所在。交谈结束后，经理不好当着客户的面批评贾飞，与客户分开后，经理就忍无可忍问贾飞：“你是应声虫吗？客户要了解这个旅游产品，你就向客户介绍这个旅游产品；客户要了解那个旅游产品，你就马上否定之前的旅游产品，转而向客户介绍那个旅游产品；客户要看无购物的旅游，你就把事先准备好的购物旅游放弃了，给客户介绍无购物的。你总是这样被客户牵着鼻子走，不管客户说什么，你都跟着叫好，这样一来客户如何能够信任你啊？难怪很多客户在向你了解旅游产品之后，都跑掉了呢！”贾飞有些迷惘：“我们不就是要满足客户的需求吗？”经理无奈地说：“我们的确要满足客户的需求，但是有些客户对于自己的需求并不明确，这种情况下我们更要做到满足客户的需求，如此才能给予客户更好地引导啊！如果客户像没头苍蝇一样乱撞，难道你也要像没头苍蝇一样四处乱撞吗？那就不是你给客户推荐旅游路线，而是客户点播你的旅游路线介绍了。你一定要有自己的销售计划，也要有自己的销售主见，不能完全附和客户，对客户人云亦云。”贾飞还是不知所措的样子，经理只好举例子给他听：“例如，客户要看无购物旅游路线，你既然知道客户属中产阶级，有一定的经济基础，当然要引导客户选择购物旅游，因为有购物的旅游更轻松，各个方面的条件都很好。难道你不知道无购物旅游多么艰苦吗？还向这样的客户推荐无购物旅游，这样客户如何能有良好的消费体验啊！”听了经理的话，贾飞不由得心服口服。此后，他意识到自己的问题，有意识地改变销售策略和方式，在业务方面渐渐有了起色。

在这个事例中，贾飞的表现就是典型的应声虫表现。一味地顺从客户，被客户牵着鼻子走，这已经不属于服务的范畴了，而是缺乏销售能力和技巧的表现。很多情况下，销售人员必须把自己视为专业人员，从而在专业领域内给予客户中肯的建议和恰到好处的指导，否则客户为何要花费昂贵的价格购买产品和服务呢！其实，销售之所以成功，关键在于要让客户觉得自己花费的钱是值得的，从而平衡客户的消费心理，让客户对于销售工作完全认可。

作为销售员，先要有专业的态度，才能为客户服务。如果既不够专业，也没有销售水平和技能，只是一味地、无原则地服务于客户，那么这样的销售服务就缺乏技术含量，也没有多少价值。

作为合格的销售人员，一定要记住，客户需要的不是应声虫，更不是一个对自己只知道随声附和的人。没有任何人是消费的全能手，对于各个领域都洞察透彻。大多数客户都对自己所从事或者感兴趣的领域非常熟悉，而对于其他的领域则需要寻求专业指导和建议。尤其是对于理智型客户，如果销售员能够给予客户合理的建议和指导，那么一定能够博得客户的认可与信任，也能够让客户心甘情愿通过销售员成交。

营销秘籍

一个应声虫，是不可能成为优秀销售员的。很多销售员都会把对客户的恭敬发挥到极致，甚至在与客户发生分歧时，也不愿意坚持自己正确的观点和见解，而总是无条件无原则地附和客户。殊不知，客户之所以需要销售员，并非是因为他们看不懂说明书，而是因为他们需要专业人士的指导和专业的意见。销售员要尊重客户，还要中肯地给予客户建议和指导，这才是真正合格的销售员。

15. 坚持就是胜利

我们都知道，和大多数普通工作相比，销售工作都是进展很艰难的，也是非常考验人的毅力和耐性的。销售行业人员流动性很大，之所以如此，是因为销售行业是典型的铁打的营盘、流水的兵。社会生活中离不开销售行业，而大多数人根本吃不了干销售的苦，又因为很多时候销售并非是努力勤奋就一定能在短时间内见到效果的，所以很多销售行业的新人在入职没多久，就会选择离职，重新寻找新的工作。

在销售行业中，除了需要勤奋和辛苦之外，最让人感到压力山大的是被拒绝、被误解、被刁难。销售行业面对的工作对象是形形色色、各不相同的人，因而销售人员也必须具备人际相处的能力，才能调整好状态，与这些不同的人打交道。如果销售人员很容易因为被拒绝就放弃，或者遭受刁难就感到很委屈，那么显而易见，这样的销售员根本不适合从事销售工作。

在销售行业，人人都知道“剩者为王”的道理，是因为只有能够坚持下来，真正剩下来的人，才能突破内心的极限，也才能真正坚持到最后时刻。否则，如果轻而易举就放弃了，又哪里来的剩下来，成为真正的胜利者呢？销售人员要想在销售的舞台上尽情地舞蹈，展示和释放自己，就必须充满信心。很多特别有名的销售公司在针对新入职的销售新人时，都会进行魔鬼训练，从而磨炼销售人员的意志，锤炼销售人员的心理，也让销售人员获得新生。

从大学毕业后，杨瑞很幸运地进入一家大型石油公司工作。对此，同学们纷纷对杨瑞表示羡慕，都觉得杨瑞的运气简直太好了，才能这么顺利就进入人人都趋之若鹜的公司。杨瑞也沾沾自喜，觉得自己以后一定会一帆风顺，前途似锦。殊不知，刚刚去公司报到，杨瑞就被分配到一个海上油田工作。

上班第一天，主管要求杨瑞把一个包装好的盒子送到钻进架尖端的组长手中。杨瑞看着高耸入云的钻井架，觉得头昏目眩，然而想到自己才第一天报到要好好表现，为此他一声不吭地照做了。没想到，等到杨瑞气喘吁吁到达钻井架尖端时，组长接过杨瑞手中的盒子只是看了看，签了个名字，就让杨瑞再把盒子送给主管。杨瑞没来得及喘息，又下了钻井架，结果主管和组长的行为如出一辙，只是在盒子上签名之后，又让杨瑞把盒子送给组长，如此反复，当杨瑞第三次爬到钻井架上，努力控制住发软的两腿时，组长终于打开盒子，从盒子里拿出包装精美的咖啡给杨瑞，说："来吧，咱们品尝一下这香浓美味的咖啡。"一直都在尽力克制自己情绪的杨瑞终于忍不住爆发了："你和主管联合起来耍我是吧？我的确是新来的，但是我就这么好欺负吗？还是你们真的闲极无聊，没有其他事情干了？"说完，杨瑞气鼓鼓地摘下早晨刚刚戴上的工牌扔在了地上。

组长原本满面笑容，看到杨瑞居然做出这样的举动，不由得严肃起来。他对杨瑞说："虽然你现在已经不是我们的员工了，但是我还是要告诉你，我和主管并非是故意捉弄你，而是让你接受极限训练。在海上作业的每一个人都要经受这样的训练，因为海上的气候条件恶劣，情况瞬息万变，随时有可能发生极端情况，也有可能面对生命危险。每个人不但是为了自己，也是为了对团队成员负责，都要突破极限，才能在遇到突发情况争分夺秒处理，赢得生机。可惜啊！年轻人，我原本想让你喝上自己冲泡的香浓咖啡，没想到你到最后一步却放弃了。”杨瑞懊悔万分，却没有办法挽回了。

在很多行业中，都要求从业人员必须有坚持不懈的顽强意志力，这样才能排除万难，坚持到最后，获得胜利。原本，杨瑞已经有了一个好的开始，只要能通过极限训练的考核，就可以顺利加入海上钻井队。然而，他有毅力坚持钻井架上下跑几个回合，却没有毅力坚持到最后，为自己冲泡一杯香浓美味的咖啡。

我 2008 年 3 月 15 日入职聚英，2008 年 4 月 23 日，签下进入公司后的第一单，赚了 2800 元。在接下来的半年里，再也没有出单，当时同批入职的人员近 100 人，因为公司实行无底薪高提成的薪资制度，所以大多数人在连续几个月都没有收入后选择了离职。当时，只有三个人留了下来，我就是其中一个。坚持是很难的，因为并非只有精神就能坚持下去。9 月 31 日，我签约职业生涯的第二单，凭着出色的业绩赚到了有生以来的第一笔巨款——15000 元。当月，我所在的团队业绩在整个公司团队业绩中位列第一，与此同时，我因为业绩突出，我的直属领导白部长提拔我晋升成为见习经理，从那一刻开始，我的个人业绩有了更大的提升，团队的业绩也一路高歌猛进。

现实生活中，人人都想获得成功，却不知道自己为何总是与失败纠缠不休。实际上，每个人先天的条件都相差无几，而之所以有的人能够获得成功，有的人总是与失败结缘，是因为他们面对人生中各种坎坷磨难的态度截然不同。有的人面对失败越挫越勇，有的人遭遇小小的挫折就会放弃，还有的人索性因为畏难情绪而选择逃避，连开始都不敢。作为销售人员，会面对很多好机遇，也会面对很多挑战，与其被动地等待天上掉馅饼的好事，不如积极主动努力地开始，也让自己能够抢占先机。

成功就在转角处，越是感到艰难的时刻，就越应该坚持。古人云：山重水复疑无路，柳暗花明又一村。唯有坚持到底，才能赢得新的转机。很多朋友都喜欢看好莱坞大片，在片子里，那些主角之所以能够排除万难获得成功，就是因为他们拥有坚持到底的顽强精神和坚韧不拔的毅力。哪怕体能已经到达极限，他们也依然勇往直前，绝不放弃。所谓生命不息，奋斗不止，在他们身上有淋漓尽致的表现。作为销售人员，无疑也是在打一场硬仗，哪怕面对被拒绝、被刁难等情况，也绝不气馁，而要相信自己只要坚持不懈，终究能迎来柳暗花明，看到成功的曙光。总而言之，这个世界上没有天上掉馅饼的好事，也没有一蹴而就的成功，销售人员一定要为自己树立远大的梦想，并且不懈努力和奋进，才能距离成功越来越近，也才能把销售作为一项事业做得更辉煌。

营销秘籍

只有坚持到底，才能获得胜利。不管做什么事情，除了天赋和技能之外，更重要的是坚持。坚持是通往成功的必经之路，没有任何人能绕过坚持，而获得成功。古往今来，那些有所成就的伟人无疑不是因为坚持，才最终获得成功的。众所周知销售工作难度很大，很难坚持，越是在这种情况下，越是应该坚持不懈，这样才能看到胜利的曙光，也才能奔向成功的终点。

第四章

产品都是一样的，客户为何与你成交呢

很多初入销售行业的菜鸟总是一头雾水，盲目地学习销售的各种技巧，却不知道销售并非是只靠技巧就能获得成功的。经验丰富的销售人员开始思考：对于同样的产品，为何客户要选择与我成交呢？的确，这个问题是很重要的，也非常关键，因为它能告诉我们如何吸引客户，让客户选择我们。

16. 作为销售员，你能说服自己吗

作为销售员，我能说服自己吗？我常常问自己这样的问题，也坚信唯有说服自己，才能说服每一个客户。在销售行业里，只有真正的销售大咖才能意识到赢得客户的好感多么重要，且具有神奇的力量。因而，当很多销售行业的新人都在不遗余力地学习销售的技巧，提升自己的销售能力和水平，或者向前辈取经时，他们已经在郑重其事地思考一个问题：如何赢得客户的好感？在销售行业中，大多数销售人员都停留在与销售神似的水平面上，而丝毫没有意识到哪怕自己已经掌握了销售的技巧，提升了销售水平和能力，也依然会面临销售的困境。当销售员想清楚以下几个问题时，这个困境也会迎刃而解：作为销售员，我能说服自己购买产品吗？在产品相差无几甚至完全相同的情况下，我凭什么吸引客户，赢得客户的好感，让客户在我这里成交呢？

这样的反思如果时常进行，就能让销售水平突飞猛进，更上一层楼。不得不承认，很多销售人员都是不讨人喜欢的，尤其是面对客户对产品或者对自己的质疑时，他们除了干笑两声之外，似乎没有更好的应对方法。当在他们的引导下现场的交流气氛变得尴尬时，他们也没有办法及时敏感地觉察到气氛异常，进而转移话题。由此可见，很多销售员甚至无法说服自己，又如何能够说服客户呢？

要想增强自身的受欢迎程度，让客户对自己产生好感，作为销售员，一定要首先问自己一个问题：我喜欢自己吗？相信在此之前很少有人真正向自己问出这个问题，甚至会因为这个问题如此被突兀地提出来感到惊慌。每个人都应该放心，因为这个问题的提出并不意味着我们将要讨论的是心理学范畴的问题，而只是想让大家意识到：一个人对于自己没有的东西，是无法给予的。例如作为销售人员，你想给予客户安全感，那么你就要提升自己的能力和素养，也要把自己的专业奉献给客户，对客户做出专业的指导，才能帮助客户获得安全感。否则，如果作为销售员自己都不相信自己说出的话，还如何能够给予客户安全感呢？总而言之，销售员能够给予客户的东西很多，唯有先充实自己，才能在与客户相处的过程中给予客户充实有趣的体验。除了给予客户安全感之外，诸如真实、自信等手段，都会给客户留下好感，让客户看到一个生动活泼、有血有肉的销售人员，远比让客户看到一个近似完美、无可挑剔的销售人员更好。

最近特别流行鸡蛋干这种小吃，方便快捷，健康营养，因而很多人一下子就爱上了鸡蛋干。在一家天猫店铺工作的小云，店铺里也卖鸡蛋干。为此，当客户问小云“鸡蛋干里有没有防腐剂”的时候，小云不免感到疑惑：我是卖鸡蛋干的，又不是生产鸡蛋干的，我哪里知道鸡蛋干里有没有防腐剂呢？然而，接连几次被客户问及这个问题，又因为网络上的客户看不到真正的商品，所以小云也能理解客户心中不踏实的感受，决定要真正弄清楚这个问题。

趁着周末休息，小云特意坐上汽车，去了一百多里外的厂房。在工厂里，小云特意请教工程师，又亲眼看到了鸡蛋干的生产过程，这才十分肯定鸡蛋干里是没有防腐剂的。为此，小云底气十足，再有客户问题“鸡蛋干里有没有防腐剂”时，小云总是毫不犹豫地告诉客户：“鸡蛋干里没有防腐剂，全都是新鲜鸡蛋做的，而且用的都是非常好的品牌调味料，放心吃吧！”得到小云这样充满自信的回答，客户觉得很满意，也对小云十分信任，很痛快地下单付款了。

如今，随着电子商务的快速发展，很多年轻人都爱上了网络购物。然而，网络购物尽管比实体店铺更便宜，却也有很大的弊端，那就是看不到商品和实物，只能信任网店客服所说的话，下定决心购买或者放弃。虽然小云躲在电脑屏幕的后面，不与客户面对面，但是小云很负责任，非要亲自去工厂里看一看，才能有底气地告诉客户“鸡蛋干里没有防腐剂”。很多人都觉得对网络客户的服务很难，实际上，说难也难，说简单也简单，有时候，客户只想从网络客服那里得到一句肯定的话而已。

在得到小云斩钉截铁地肯定回答之后，客户一定会感到很踏实，也更愿意相信小云。明智的销售人员知道，客户的信任来之不易，必须好好珍惜，当客户心存疑惑的时候，还要想尽办法打消客户心中的疑虑，而不要故意逃避或者曲解客户的意思。

当客户觉得销售员是很虚伪的，也是不真实更不可信的，那么客户一定会对这个销售员失去信任。所以对于销售人员而言，要想给客户留下好印象，也博得客户的好感，就一定要真实面对客户，绝对不做故意误导客户的事情。当然，做真实自然的自己并非一件简单容易的事情，唯有更加自信，也做好充分的准备，才能在客户提出质疑的时候从容解答。否则，销售员如果毫无准备，面对客户提出的问题，除了紧张无法做任何事情，那么他一定会结结巴巴，完全处于被动的地位。由此可见，销售员一定要真实自信，也要做好准备，才能让自己更加理性睿智，从容不迫。

营销秘籍

客户的信任，是销售员生存的基础。在销售行业有一种非常有趣而又奇怪的现象，那就是销售人员虽然很卖力地凭着三寸不烂之舌想要说服客户，但是他们往往连自己都无法说服。通俗地说，一个人用无法说服自己的话去说服别人，和睁着眼睛说瞎话没什么区别。作为销售员，要想得到客户的信任，一定要自信，要坚定不移地相信自己的话，也把自己真正相信的一切呈献给客户。

17. 为客户服务到底

销售员要想真正做好销售工作，最重要的在于对客户具有同理心，能够真正站在客户的角度上考虑问题，为客户着想，因而尽量给出符合客户需求、满足客户要求的解决方案。从心理学的角度而言，同理心是对客户的情感与思想的感知、理解与认可，还有欣赏。作为销售人员没有同理心将会是很可怕的，这样一来他们就无法站在客户的立场上为客户着想，更不可能对客户的情绪体验有所感触。也可以说，没有同理心的销售人员看起来虽然能与客户进行语言上的交流，实际上他们的心意与客户是不相通的。所以作为销售员一定要有同理心，设身处地了解客户的想法和感触，这样才能深入发掘客户的需求，了解客户的内心，也才能把对客户的服务做到最好。

试想，当客户焦虑地说出了自己对于某个问题的担忧，而与他面对面的销售员却觉得一切都无关紧要，可想而知，这一定会让客户觉得万分恼火，因为客户的需求非但没有得到重视，反而被完全忽视了。了解客户的需求，洞察客户的内心，体验客户的情绪，才能把对客户的服务进行到底。每一个销售员都要牢记，既要把客户当成上帝，也要把客户每一个微小的需求都牢记在心，从而才能最大限度地服务于客户，也才能竭尽全力让自己做到最好。

与忽视客户的需求相比，还有一种情况也是很糟糕的，即在没有完全了解客户需求的基础上，就仓促地帮助客户解决问题。这样的草率举动非但不能解决问题，还有可能导致事与愿违，给客户造成困扰和麻烦。对于事关客户的每一件事情，销售人员都要摆正心态，要么不做，要么就做到最好，千万不要做得稀里糊涂，结果也不尽如人意。做到这一点的前提，是销售员必须深入了解客户的需求，以及客户的欲求，这样才能结合具体的情况给出客户最完美的解决方案。

从心理学的角度而言，当客户知道销售人员了解他的感受，也能够急他之所急，则一定会更愿意配合销售人员的工作，也会因为信任而把自己的需求全都告诉销售人员，从而有利于销售人员更好地为他们服务。

作为一名保险代理人，朱莉最近正在跟进一个大客户。然而，朱莉几次提出的保险方案都不能打动这个客户的心，为此，朱莉也迟迟不能搞定这个大客户。朱莉简直心急如焚，她很清楚，如果继续拖延下去，哪怕她最终拿出了最佳的方案，这位客户也很可能从其他保险人那里成交了。到底为什么没有抓住客户的需求呢？朱莉思来想去，决定采取“一步到位”的方法，设身处地感受客户的生活。

一天凌晨，朱莉早早来到客户的家门口。她坐在车里，在朦胧的夜色中注视着客户的家。大概5点时，客户的家里就亮起了灯，朱莉猜测有可能是保姆起床了，为此更加关注主卧室和书房的灯。果不其然，5点前后，客户出现在书房的窗户前，端着一杯咖啡，凝视着窗户外面。朱莉暗暗想道：作为一家公司的负责人，客户一定压力山大，心力交瘁。7点半前后，客户驱车赶往公司，因为时间还比较早，所以一路上还算畅通，没有遭遇严重的堵车。

到了公司，客户没有坐电梯上楼，而是选择爬楼梯。和电视里很多成功人士不同，朱莉暗暗想道，也许客户正是有意识地用这种方式锻炼身体。到了楼上，客户又冲泡了一杯浓咖啡，然后开始坐在办公桌前对着电脑处理公务，秘书还不时地拿着文件去找客户签字。

直到中午11点，客户才离开办公桌，走到窗前休息。接下来的时间客户略显放松。中午，客户吃了秘书定好的便当，在办公室里休息片刻，就前去拜访合作伙伴。整个下午，客户都在合作伙伴的公司里逗留。晚上，客户还请合作伙伴一起用餐，饭后又去了休闲娱乐场所。如此一天下来，客户驱车回家时已经是凌晨一点多钟了。朱莉不由得感慨：看起来光鲜亮丽的成功人士，在生活中也有艰难的一面啊！这样一天下来，必然身心俱疲，回到家里大概只想躺在床上一动不动了吧。

经过这一天的跟随，朱莉不但对客户的生活有了更多的了解，也对于客户的需求感到更明确了。她很快修改好保险计划，再次呈献给客户，果然，客户看了保险此计划就转变了态度，居然给朱莉提出了好几个意见，让朱莉再修改和完善。朱莉很兴奋，因为这是客户关注保险计划的表现，也是她与客户之间的合作关系不断推进的表现。

在没有真正切身体会客户一天的工作之前，朱莉对成功人士的生活显然缺乏了解，还以为所有的成功人士都如同电视里呈现出来的那样很潇洒从容呢！对客户进行一天的跟随了解之后，她才意识到原来成功人士的生活也和普通人一样是辛苦而又忙碌的，甚至还要承受更大的压力。经过这样的了解，朱莉才能更加了解客户的工作与生活，也更加深入洞察客户的心理和情绪。

如此一来，朱莉当然能够制定出更符合客户需求的保险计划，也能够设身处地把客户没有想到的问题都预先想到。可想而知，朱莉在与客户的合作，向前推进了一大步。

要想成为一名优秀的销售人员，一定要想方设法了解客户，也要认真用心地与客户交流。唯有如此，销售人员才能了解客户的生活与工作，才能与客户进行心与心的沟通，才能真正地了解客户的需求，满足客户的需求。当销售人员与客户之间的心意渐渐相通，别说是实现销售目标了，就算是与客户变成朋友也会水到渠成。

聚英公司有一个很优秀的销售员，叫温立成。温立成和普通销售员不同，大多数销售员都是年轻人，但是温立成已经到了不惑之年，为此他在公司里是不折不扣的大哥，很多新入公司的销售员，都会毕恭毕敬地称呼他为大哥。

也许是因为年纪比较大，人生经验丰富，所以温立成对于销售有自己的理解，也有自己的逻辑思维。培训和咨询公司中，产品的体系往往很丰富，并且为了时代发展的需要，还会不断地更新迭代，因此需要极强的学习能力，要掌握很多专业的知识，例如薪酬怎么设计、绩效怎么设计、股权怎么设计、商业模式怎么规划等。这种情况下，要想开拓新客户，就需要做大量的工作。温立成一边开拓新客户，一边把大量的时间用于维护好老客户，处理好客情关系。他对于老客户的服务非常好，总是竭尽所能为老客户解除后顾之忧。有一次，一个湖北的客户赵总开车来西安上课，没想到刚刚到达西安，车就爆胎了。温立成知道之后第一时间赶到客户身边，帮助客户处理，让客户安心学习。正是因为这样的用心，很多老客户都积极地为温立成介绍新客户。

在与新老客户沟通的过程中，温立成还很善于借力。例如，他从来不吝啬于赞美公司专业知识和成交能力强的老师，把对他们的销售做到位。这样一来，当客户百闻不如一见，真正亲眼见到老师时，就会很尊敬老师，这样一来师生关系水到渠成，成交也就会事半功倍。

当销售人员完全了解客户的需求，就能够为客户服务到底，也能够最大限度服务好客户。当然，需要注意的是，在与客户沟通的过程中，尽管要保持专业的热情，却也不要对客户过度热情。常言道，凡事皆有度，过度犹不及，对客户热情也同样要把握好分寸和适度，才能让热情起到预期的效果。此外，还有很多销售人员在交易达成前对客户态度热情，积极主动，而一旦达成交易，就会忽视对客户的售后服务，似乎一下子就把客户抛到脑后了。可想而知，这样必然给客户造成恶劣的印象，也会导致客户排斥和抗拒销售人员。归根结底，要想让销售顺利进行下去，最重要的是给客户留下好印象，赢得客户的好感，这样才能让销售工作顺理成章、水到渠成。

营销秘籍

服务客户，一定要有始有终。如今，各个行业内竞争都非常激烈，尤其是产品更是极大丰富。为此，很多销售员为了取得良好的销售业绩，拼的不仅仅是产品，更是独具个性化的服务。唯有在服务方面略胜一筹，销售员才能让自己在竞争中脱颖而出，也才能赢得客户的认可与尊重，最终获得客户的信任与托付。

18. 与客户产生感情的关联

在销售行业，很多非常厉害的销售人员在与客户初次见面时，就会与客户变得很熟悉，甚至与客户相谈甚欢，这是如何做到的呢？在日常生活中，人们把这种自来熟的行为称为套近乎，这个词语准确贴切，也的确形象地描绘出与他人搞好关系、拉近距离的方式与途径。那么，如何才能与客户套近乎，从而与客户产生感情，形成感情的关联呢？对于深谙此道的人而言，这是很容易做到的，而对于恐惧陌生人的人而言，这一点却难于登天。

当面对一个陌生人时，想要与对方套近乎尽管很难，但还是可以做到的，例如说自己和陌生人是老乡，或者说自己曾经和陌生人在一个城市生活过，或者哪怕自己的爱人和陌生人是老乡也行，这样都能扯上关系。如此随意的套近乎，一旦用到与自己有利益关系的客户身上，则显得不那么自然了。这是因为销售人员与客户之间有利益关系，因而随意地与客户攀关系，很容易给客户留下不好的印象。要想与客户套近乎，建立感情联系，就必须巧妙，而且要把拉拢客户的行为做得不漏痕迹。

感情的力量是很强大的，与客户产生感情的联系，对于销售人员而言至关重要，也有很强大的助力。一提到感情，很多人都认为必须是深情，实际上这完全是误解，因为有时候小小的共同点，就有可能在彼此的心中引起共鸣。

作为一家书店的销售员，李静每天都守候在书店里。有一天，书店里来了一位客户，这位客户并不像其他客户那样打开书找个角落就专心致志地看，而是在书店里走来走去，似乎是来考察的。有几个同事询问客户有什么需求，都被客户搪塞过去了。后来，客户来到距离李静不远的地方，李静才有分寸地走过去，彬彬有礼地询问客户："您好，先生，请问有什么可以帮助您的吗？"客户淡淡地看了一眼李静，马上又开始左顾右盼。这时，李静看到客户的帽子上印着某个野外俱乐部的标志，马上问客户："您是XX俱乐部的成员吗？好巧，我也是呢。"听到李静这么个文弱的女孩也是驴友，客户明显对李静产生了兴趣，就与李静攀谈起来。

经过一段时间的交流，客户与李静相谈甚欢，尤其是说起俱乐部里的经典活动，他们更是像找到了同道中人一样。交谈到最后，客户问李静："我想从你们这里订购图书，在其他地方开个书吧，不知道你们老板是否感兴趣。"李静连声说："感兴趣，感兴趣，您是来照顾我们生意的，我们当然热烈欢迎啊！"李静第一时间联系老板，与客户约定了面谈的时间，又与客户互相留下联系方式。

很多人一听到感情的关联这个词语，就觉得很高大上，也因而心生疑惑：什么是感情的关联呢？简而言之，感情的关联就是与客户相关的共同点，所以能引起客户的兴趣，也让客户对销售员刮目相看。在这个事例中，李静与客户的感情关联，就是都是某个俱乐部的驴友，因而一下子就找到共同话题，心里也亲近了很多。

作为销售人员，如果让你写一段与客户之间的对话，你能写得出来吗？如果很顺利就能写出来，那么恭喜你，你是一位合格且优秀的销售，如果写不出来，那么很糟糕，这恰恰意味着你与客户的交流太少，所以才会下笔词穷。

毋庸置疑，销售人员与客户之间的关系是很微妙的，从原本的彼此陌生，到后来的相互信任，甚至客户还要心甘情愿把钱花在销售人员手里，这期间要走过漫长的过程。如果只是纯粹出于业务上的关系，那么销售的整个进程推动会很难，如果有感情的关联作为基础，打好感情牌，那么再难的销售也能够得到助力，水到渠成。当然，与客户套近乎一定要把握好度，否则如果对客户过度热情，非但不能与客户亲近起来，还有可能招致客户的厌烦。

要想打好感情牌，除了要建立感情关联之外，还有很多小细节能够帮助与客户建立良好的互动。例如可以在与客户交谈的时候，不露痕迹地模仿客户的肢体动作，这样能够让客户觉得放松和舒适，也会让客户对销售人员增加好感。在与客户沟通的过程中，销售员还要更加注意一点，那就是了解客户的沟通方式，从而有的放矢，以让客户感到舒服的方式进行沟通，这样自然事半功倍。说起来简直让人不可思议，很多客户之所以最终决定通过某个销售员成交，只是因为这个销售员说话的方式和他们一样而已。

总而言之，销售员要想尽力做到最好，既要把握好大的方向，也要注重细节，这样才能把事情做得面面俱到，毫无疏漏。尤其是在竞争越来越激烈的销售行业，同样的产品，相差无几的服务，哪个销售员能够赢得客户的好感与感情，他就拥有了更大的胜算，也就距离成功更近了一步。

营销秘籍

找准与客户的感情关联，销售员才能打好与客户的感情牌。人人都是感情动物，人人都在群体之中生活，很多关系其实都可以归结为人际关系，包括销售员与客户之间的关系。作为销售员，要想让销售工作顺利推进，就必须想方设法与客户搞好关系，打好感情牌。感情到位了，销售工作也就会水到渠成。

19. 做一个让客户快乐的销售员

对于每个人而言，人生都是短暂而值得珍惜的，如果总是因为各种各样的原因郁郁寡欢，显然是辜负了人生，也白白浪费了宝贵的人生。所以真正达观洒脱的人，都会对人生充满热情与希望，也始终坚持自己的梦想和目标。其实，不仅仅普通人需要有乐观的心态，让人生充满快乐，作为销售员，更应该让自己变得快乐起来，这样才能把快乐作为赠品，在服务之余赠送给每一个客户。

毋庸置疑，销售行业压力是巨大的，也是让人备感煎熬的。对于销售员而言，每天都要重复与客户的交涉，而且结果也是完全不特定的，当然会感到很枯燥乏味。又因为销售行业的特殊性，使得销售业绩月月清零，也让大多数销售员都不断地在压力中淬炼。即便如此，难道销售员就要愁眉苦脸地从事销售工作了吗？当然不是。别说是销售行业了，哪怕是其他行业，也依然要承受压力，但是人生的质量却不能因此而打折。既然压力是每天都有的，该承受的一切也都是不可逃避的，那么销售员就不要因为这些事情而烦恼，而是要调整好心态，安之若素，这样才能坦然面对压力，也能把压力转化为动力，让生命变得更充实更绚烂。

如果你是客户，你愿意面对一个愁眉苦脸，看起来就像你欠了他钱没还的销售员吗？当然不会。你会告诉自己：我花钱是来买服务的，而不是为了来受气的，更不想看任何人的脸色。没错，花钱就是为了买专业的服务，也要享受微笑，当然不愿意看任何人的脸色啦，更不想接受一个郁郁寡欢的人为自己服务。想清楚这一点，作为销售员，你应该知道自己该怎么做了吧？一定要从现在开始就调整好心情，尽量以好心情为客户服务，也尽量把快乐带给客户。

蓉蓉已经在销售行业工作五六年了，从最初对销售行业的畏惧，到渐渐地喜欢上销售行业，再到后来内心疲惫，对销售提不起兴致，蓉蓉走过了作为一名销售员的心路历程。她如今对销售的厌倦态度，使得她在销售工作中很难再上一层楼。蓉蓉也觉得自身发展受到了局限，很难突破，这到底是为什么呢？其实，这种状态的导火索是一件小事。前段时间公司里进行内部竞聘，蓉蓉很想借此机会转行从事管理工作，却没想到在竞聘中落选了。这让蓉蓉感到很恼火，也觉得自己这几年来的付出都白费了，为此对于工作一下子变得懈怠，提不起任何兴致。

在打酱油的状态中度过一段时间之后，蓉蓉觉得人生似乎都暗淡了，看不到希望所在。蓉蓉知道自己的状态必须改变，否则人生就会停滞不前，然而，她不知道怎样才能让自己继续发奋努力。一个偶然的机会，蓉蓉得知某个知名培训机构开办了关于管理的课程，因而当即报名参加。原本蓉蓉以为自己开始学习会很累，却发现随着越来越忙碌，连工作的状态都变得好起来。有段时间，蓉蓉接触了一位客户，客户非常欣赏蓉蓉积极乐观的心态，也喜欢蓉蓉边学习边工作的风风火火。尤其是当听到蓉蓉爽朗的笑声，客户简直觉得如沐春风，他对蓉蓉说：“从你身上，我似乎看到年轻时充满活力的自己，是那么快乐，那么有兴致。我愿意支持你的工作，但条件是你必须与我成为朋友，让我时常听到你清脆的笑声。”蓉蓉当然愿意啦，当即幽默地说：“求之不得呢，这单生意我可赚大发了！”客户也会心地笑了起来。

很多销售员之所以对待工作总是无精打采，丝毫提不起兴致来，就是因为他们缺乏上进心，对工作怀着当一天和尚撞一天钟的态度。正如人们常说的，安逸并不是最好的状态，反而会导致人们失去信念和动力，因而蒙混度日。人生短暂，与其在安逸中白白浪费宝贵的青春时光，不如努力奋斗，让生命崛起，也让生命变得充实、有意义。

当然，并非每个人都适合从事销售工作，也并非每个人都喜欢从事销售工作，如果真的不喜欢或者不适合销售工作，千万不要以理智约束自己继续坚持下去，更不要以理智告诉自己必须继续做下去，而应该选择果断放弃，重新寻找工作。从事一份发自内心排斥和厌倦的工作，绝对不可能有好的结果，最该做的就是当机立断换工作，给自己一个新的开始。这恰恰是对前一份工作和客户负责任的态度。

每一个爱抱怨的销售员会把责任推到各种人身上，例如老板、同事，例如客户，但是唯独没有看到自己有何不足。对于这样的销售员，要想戒除抱怨也很简单，那就是马上从自己身上找原因，客观公正地评价自己，当机立断修补那些不足之处。最终你一定会发现，看似问题都在别人身上，实际上症结却在自己身上。细心的人会发现，对于自己喜欢做的事情，付出再多辛苦和努力都会不漏痕迹，而对于自己厌倦的事情，哪怕再怎么努力都收效甚微，甚至还会出力不讨好。由此可见，干一行爱一行，或者爱一行干一行，才是快乐工作的先决条件，对于销售员而言唯有发自内心喜欢销售工作，才能真正给客户带去用心的服务和纯粹的快乐。

营销秘籍

既然哭也是一天，笑也是一天，销售员当然要笑着度过面对客户的每一天。作为销售员，一定要给客户带来幸福与快乐，而不要总是让客户感受到沉重和无奈。当客户面对很多难题时，销售员不但要为客户提供专业的服务，更要以愉悦的心情影响客户，从而让客户面对坎坷和挫折时，能够坦然从容，积极乐观。唯有如此，销售的过程才会充满快乐，也是让客户悦纳的。

20. 提升给客户留下的好感度

人是感情动物，人与人之间既没有无缘无故的爱，也没有无缘无故的恨。要想与客户之间建立良好的关系，赢得客户的好感，显然不是一蹴而就就能实现的。对于感情，有的人属于快热型，所以会发生一见钟情的浪漫，也有人属于慢热型，因此需要与他人慢慢相处，提升感情的热度，才能让感情更深厚。

作为销售员，很有可能会遇到各种类型的客户，那么如何才能在给客户留下好感之后，努力提升给客户留下的好感度，从而改善并且推进与客户之间的关系呢？毋庸置疑，每个客户都会选择从自己喜欢的销售员手中购买产品。然而，对于讨人喜欢，很多人都存在误解，总觉得只有性格外向的销售员才能赢得客户的喜欢，也才能与客户建立和谐融洽的关系。这种观点完全是有失偏颇的，很多情况下，即使是内向的销售员，也依然能够凭借自身的特质打动客户，从而与客户建立友好关系。

对于销售员而言，讨客户的喜欢，并且能够提升给客户留下的好感度，这是非常重要的软实力，对于他们的工作和生活都会起到至关重要的影响。要想真正做到这一点固然很难，但也是有办法的，只要用心、真诚，就能够做到。首先，销售员一定要非常自信，尽管自卑的人看似谦虚，然而谦虚与自卑之间并不能画上等号。相反，自信的销售员才能真实自然地面对客户，也让客户放松、惬意与舒适。要记得，真诚是人与人相处的基础，也是首要原则，因而任何时候都不要让紧张不安掩盖你的真诚，否则你一定会觉得很局促。其次，一个有实力的人总是能够得到他人的刮目相看，也会因为创造了自身的价值，而得到他人的认可。尤其是在销售员与客户的关系中，客户之所以选择某个销售员，就是期望销售员有超强的专业技能，能够为自己提供最佳的解决方案，因而在客户面前销售员不要骄傲，可以尽情展示自己的实力，从而赢得客户的尊重与认可，这对于推进销售员与客户之间的关系将会起到良好的效果。最后，毫无疑问，隔着陌生的屏障，两个人之间无论如何也不可能变得亲近起来。因而销售员要想与客户拉近关系，给客户留下好感并且提升给客户的好感度，就一定要积极主动了解客户，才能在与客户的交往中如鱼得水，游刃有余。记住，了解客户是服务客户的前提，没有人能对陌生人服务到位。

作为一名空调销售员，玛丽一直以来销售业绩都不错，也总是能够赢得客户的认可。这是因为玛丽具有很强的亲和力，也总是能够得到客户的信任。

周末，一位客户要买空调，因而在几台低端挂机面前徘徊很久。有一位销售员过去搭讪，向这位客户推荐更贵更好的空调，却被客户否定了。那个销售员很受伤害，决定放弃这个客户，所以转而接待其他客户。看到这样的情形，玛丽便走过去询问客户的需求，显而易见，玛丽的不卑不亢、大方亲切给客户留下了好印象，因而客户开口对玛丽说：“我想给老人买空调，不过预算有限，你有好的推荐吗？”玛丽问客户：“您最看重空调哪个方面的功能呢？除了冷暖之外。”客户想了想说：“因为是老人使用的，你也知道，老人比较喜欢安静，所以我希望空调更静音一些。不过，好像静音的空调价格都很昂贵啊！”玛丽笑着说：“也不是，毕竟静音不是新功能，一般新鲜的功能刚刚问世时价格不菲，其实现在很多空调都能实现静音了。不过，您的预算是多少呢？”客户有些尴尬地说：“我想买一千多块钱的。”玛丽这下心中有数了，说：“嗯嗯，那么我建议您买这一款空调，因为这款空调正在搞活动，所以性价比很高。它的价格也比较适中，既不是一千一二百元，也不是一千八九百元，而只要1500多元。我觉得您与其花一千一二百元买个普通空调，不如买这款变频的，还更省电呢，而且静音效果相比较而言也更好。”玛丽合情入理的话彻底征服了客户，客户当即就跟随玛丽去交了钱，买下了空调。

如果说玛丽此前主动过去为客户服务已经给了客户好感，那么玛丽接下来推荐空调的时候选择了居中的价位，更是做到了设身处地为客户着想，也满足了客户的需求。如此一来，客户还有什么理由拒绝玛丽呢？当然，玛丽为客户着想也是有前提的，那就是先以不卑不亢的贴心服务打动客户，才知道客户买空调是为了给老人使用，那么由此推断出客户一定最重视性价比，而把款式等外在表现因素放在其次。又因为玛丽推荐的空调是活动款，物超所值，而且完全满足客户的老人对于安静的需求，为此客户才能当机立断下定决心，顺利地从玛丽手中成交。

作为销售员，几乎每天都要与陌生的客户打交道，如果不能第一时间就给客户留下好印象，那么就很难与客户顺利展开交往。所以每个销售员都要打造自身的亲和力，唯有让客户觉得自己是可亲的，销售员才有机会进一步展示自己，也唯有在客户心中留下好感，销售员才能乘胜追击，提升客户对自己的好感度。由此可见，销售从本质上来说是环环相扣的一项工作，是不能疏忽大意和随意随性的。

当销售员有计划地对客户展开销售过程，并且能够以自身的快乐感染客户，或者在与客户进行交流时幽默风趣，给客户带来好的感受和体验，那么销售工作一定会水到渠成。当然，喜欢自己，悦纳自己，前提是要尊重和接受自己。从心理学的角度而言，销售员必须悦纳自己，才能真正把快乐带给客户。好心情从现在开始，你拥有了吗？

营销秘籍

当销售员真正地赢得了客户的好感，销售工作就会水到渠成。即使遇到一些困境和阻碍，也能很快就超越和彻底解决。否则，假如客户从心底里讨厌和排斥销售员，那么销售员不管怎么努力，都无法让销售工作顺利进展下去。由此可见，对于销售员而言，给客户留下好印象，提升给客户的好感度，都是非常重要的。

21. 让客户忠诚于你

对于一个销售员而言，最大的荣耀不是赚取多少金钱，也不是赢得多少赞许，而是得到客户的衷心拥戴，让客户成为自己的铁杆粉丝。这样才能让销售员感到自己的确是有成就的，也是值得骄傲和自豪的。古人云，人生得一知己足矣。也有人发出感慨，觉得知己难求。朋友之间要想建立良好的关系都如此困难，更何况是销售员与客户之间呢。首先，很多客户会把自己放在与销售员对立的位置上，甚至对销售员心怀戒备；其次，因为销售员与客户之间是买卖的关系，常言道，买卖两个心眼，所以让销售员与客户成为朋友则显得难上加难。总而言之，一个真正优秀的销售员，是能够让客户忠诚于自己的，这也是对自己销售工作的最佳褒奖。

然而，说起来得到客户的衷心只是一句话，真正想得到客户的尊重、信任、理解和托付，却是很难的。尤其是对于很多从事贵重物品推销的销售员而言，他们所销售的产品动辄几十万，还有的成百上千万，价格不菲，客户要对销售员多么信任，才会把这么多的钱交给销售员去成交呢！例如房产。众所周知，近年来随着社会的不断发展，房产的价值越来越高，很多家庭倾尽一生，甚至是把几代人的资本都累加起来，才能顺利购置一套房产。在这种情况下，客户必然非常小心谨慎，也不想因为疏忽大意就导致出现纰漏，或者导致房产交易陷入纠纷之中。在这种情况下，销售员一定要有可靠的人品，因为近几年来销售员私自挪用客户房款的事情时有发生。其次，销售员还要有过硬的专业知识和技能。对于这样的大宗交易而言，很多客户更看重交易的安全性，也会考察销售公司的资质和从业人员的素质，而不会轻松随意就达成交易。最后，销售人员还要与客户搞好关系，既不要因为恭敬而疏离客户，也不要为了讨好客户而过分热情。记住，任何时候销售工作都需要把握合适的度，才能恰到好处，圆满完成。

公司里新人如雨后春笋般涌现，宋大姐俨然是老大姐了，因为她既不是90后，也不是80后，而是不折不扣的70后。对于宋大姐，很多年轻人一开始都觉得不以为然，因为他们认为作为一个两个孩子的母亲，还有家庭的拖累，宋大姐做起业务来根本无法与他们媲美。然而，才一个月，那些和宋大姐同期进入公司或者比宋大姐先进入公司的年轻人，就一个个目瞪口呆了，不知道如何表达对宋大姐的敬佩啦。

宋大姐总能让客户忠诚，哪怕是刚刚见面的客户，也立刻与宋大姐变得熟稔起来，似乎与宋大姐是相熟的朋友。宋大姐到底是如何做到这一点的呢？原来，宋大姐的主要工作是负责销售家具，所以每天都要接触不同年龄阶段的客户，而已经有两个孩子的宋大姐正因为已经成家立业，所以不管面对什么样的客户，都能马上贴近客户的心理，与客户亲密地攀谈起来。随着宋大姐一次又一次把话说到客户的心里去，宋大姐的签单率也越来越高，没出几个月就成了公司里的销售冠军。

有个客户托老带小、还挺着个大肚子来买家具，得知客户家里房子不大，孩子未来需要与哥哥共居一室之后，宋大姐贴心地为他们推荐了子母床。这样一来，孩子小时候可以和父母同住，而等到分房的年纪，就可以和哥哥住子母床。等到孩子长大了，需要独立空间时，哥哥也已经读初中或者高中住校了，那么孩子就可以住在子母床的下床，而等到哥哥偶尔回家过周末，可以住在子母床的上床。看到宋大姐如此贴心地把床安排得这么好，客户很感动，连声感谢宋大姐，当然也很高兴地购买了宋大姐推荐的家具。

如果不是有老有小的中年人，宋大姐怎么能够理解客户的苦衷呢？宋大姐的话字字句句都说到了客户的心里，甚至有些话还能先客户之忧而忧，因而能打动客户的心，让客户怦然心动。面对宋大姐的感同身受，又因为同为二胎妈妈，客户中起到决策作用的准二胎妈妈当然马上就建立了与宋大姐的感情联结，也能够积极采纳宋大姐的建议。当然，宋大姐的每一句建议都是肺腑之言，都是站在客户的立场上去认真考虑和选择的，因而客户最终会发现听从宋大姐的建议是很明智的。

2010 年 5 月，聚英团队成立了一家培训公司，叫聚英教育集团，主要业务是培训咨询。当时，我担任营销十区的总监，带着只有一个由十几个人组成的销售团队。2010 年 10 月，公司在位于西安市的红宝宾馆举办了一场关于提升孩子记忆力的课程，由关牧林老师负责主讲。

当时，我的一个客户也参加了。这个客户叫吴作鹏，是轩辕酒业公司的总经理。吴总有两个儿子，小儿子叫奕诺。在我的邀请下，吴总对于提升孩子记忆力的课程很感兴趣，而且也给孩子报名参加了这个课程。在当时，这个课程的售价为 980 元，我可以从中得到的个人提成是 180 元。很多人得到这么高的提成一定会觉得很高兴，而我没有留下这笔提成，而是把个人拿到的 180 元都给了吴总的爱人周姐。当时周姐说什么都不肯要，但是我还是坚持把钱给了周姐。经过这次听课，奕诺特别喜欢关老师，也非常认可关老师。

在和周姐聊天的过程中，得知奕诺很喜欢打篮球，我还细心地买了一个篮球，并且让关老师在篮球上签了名，送给了奕诺作为礼物。奕诺特别开心，据周姐说，奕诺把篮球拿回家，谁都不让碰，自己也小心翼翼地观赏。后来，周姐主动联系我："吴总公司最近要做培训，我给他说说，让他找你们公司做。"最终，轩辕酒业成为聚英第一个合作的大客户，与聚英签下了 9.8 万元的大订单。此后，轩辕酒业在聚英学习费用总计近百万元。后来，我和吴总成为很好的朋友，在事业上和生活上都得到了吴总很大的帮助。

作为销售员，如果你也能够这样对待客户，那么相信哪怕不能促使客户当即下定决心从你这里成交，也能让客户对你产生好感，甚至忠诚于你。人与人之间的关系，原本就是复杂而又微妙的，作为销售员一定要让客户产生别样的感觉，就像对自己所爱的人一见倾心那样。当然，这样的境界并非人人都能达到，要想提升销售水平，就一定要循序渐进，日积月累，才能让自己从销售行业的菜鸟渐渐变成销售行业的大咖，把销售做得出神入化，看似无形，却在客户心中拥有定海神针的力量。

营销秘籍

真正成功的销售，忠诚于你的客户，同样，你的客户也会忠诚于你。拥有一个对自己忠心耿耿的客户，对于每个销售员而言都是值得骄傲和自豪的事情。在大多数人心目中，都觉得销售员一定要拼尽全力赢得客户，才能达成交易，而如果把关系彻底颠倒过来，让客户忠心耿耿追随销售员，则销售员的工作就会上升到一个崭新的层次。

第五章

把客户当成朋友，发展与客户的人际关系

现代社会，每个人都生活在关系的丛林里，关系这张巨大的网络甚至丝毫不比各种电子信号的网络小，而且渗透在生活中的方方面面，对现实起到或者明显或者微妙的影响。从某种意义上来说，要想在现代社会中生存，就必须处理好人际关系，才能让自己立足，生活得更好。作为销售人员，一定要明白有关系好办事的道理，更要想方设法处理好与客户之间的关系，才能与客户变得亲近，成为朋友。

22. 初识客户，建立良好的第一印象

在心理学上，有个首因效应，意思就是说第一印象对于人与人之间的交往能起到决定性作用。的确，作为沟通的开始，第一印象在很大程度上会奠定人际交往的基础。对于销售员而言，能够给客户留下良好的第一印象，往往决定了未来的销售过程进展是否顺利。既然如此，销售员当然要重视第一印象，也要尽量争取给客户留下好印象。

感性的客户更容易关注销售员本身，而理性的客户更喜欢把销售员视为公司的代表，也希望能够透过销售员的表现，了解整个公司的文化，从而洞察公司对合作的态度及对产品质量的把控。细心的客户还会从销售员的服务方面，领略公司的服务理念，因而对公司做出大概的了解和判断。

为了给客户留下良好的第一印象，销售员有很多方面都需要努力。首先，人靠衣裳马靠鞍，要想给客户留下好印象，销售员应该注重自己的衣着品位，毕竟合体的装扮不仅是对自己的愉悦，更是对客户的尊重。作为客户，当看到一个神采奕奕、西装革履的销售员出现在自己的面前时，与看到一个邋里邋遢、脏兮兮的销售员时，感受肯定是截然不同的。销售员如果有体味，还可以使用味道比较淡的香水，需要注意的是，女性销售员一定要避免使用味道浓重的香水，否则就会因为各种味道的混杂而带给客户很糟糕的感

受。其次，每个销售员都应该更加了解相关领域的知识，从而以专业的形象呈献给客户。毕竟客户之所以与销售员合作，目的就是得到销售员的专业服务和引导。因此不管是对于哪个级别的销售员而言，都要以专业敬业为先，才能再从软的方面来包装自己。最后，再完美的包装也不如发自内心的尊重，销售员哪怕是第一次与客户见面，也要发自内心尊重客户，为客户着想，这样才能把真实自然的自己展示给客户，赢得客户的好感。当然，对于第一印象的重视程度，决定了销售员与客户见面之前将会进行怎样的准备。

当然，哪怕准备得再充分，与客户见面也依然还是会面临各种不可控制的情况，出现各种随机发生的状况。这就要求销售员要根据见面时的场地、情形等各种因素，及时调整自己，以最好的状态给客户留下良好的第一印象。此外，第一印象的建立是各个方面的因素综合作用的结果。所以销售员一定要灵活机智，随时调整，而不要总是按部就班、墨守成规。

杰米是一家公司的销售代表，经常为了推销而全国各地地跑，销售产品。这次，杰米出差到一座城市，想签下一个大单子。原本，在见面之前，杰米已经把销售的各种铺垫工作做好了,却没想到这次见面却搞砸了所有的事情，导致煮熟的鸭子又飞了。

原来，杰米的个子很高，足足有一米八几，而一直以来与他洽谈的客户却身材矮小瘦弱。才与客户刚刚见面，杰米就因为此前在电话里与客户相谈甚欢，因而未免有些对礼节疏忽了，居然上去就与客户来了个拥抱。当时，客户的脸色就很难看，因为没有任何男人愿意像一个娇小的女人一样依偎在另一个高大男人的怀抱里。

在后来的洽谈中，客户表现冷淡，让杰米简直怀疑自己眼前的这个人和电话里曾经相谈甚欢的那个人是否是同一个人。杰米尽管不知道问题出在哪里，却尽量弥补和挽救，然而，最终客户还是放弃了与杰米的合作，转而与杰米一个其貌不扬的同行达成了交易。杰米百思不得其解，直到几年之后，杰米与那个同行成为同事，才知道原因。原来，杰米因为忽略了自己的身高优势，导致给客户形成了压迫感。在这种情况下，同事和客户相差无几的身高、没有客户英俊的面貌，反而成为同事的优势，也让同事几年前几乎不费吹灰之力就签订了这个单子。

看到这个事例，相信很多朋友都会哑然失笑，原来在这个处处看颜值的时代，并非高颜值一定能够加分，也往往会给人减分啊！所以，作为销售人员，在与客户打交道的时候，一定要心比比干多一窍，这样才能避免无形中伤害客户，也避免因为客户的自尊心受到伤害而使得此前的努力都付之东流。

正因为细节决定成败，所以销售员在销售过程中不但要做好各个方面的事情，也尤其要关注那些不引人注意的小细节。唯有保持谨慎，面面俱到服务好客户，才能得到客户的真心认可与赏识。尽管作为销售员经常被教育不要以貌取人，但是对于客户而言，他们最喜欢凭借第一印象就判断眼前的销售员是否友好可爱。

一个真正明智的销售员不会想在销售过程中走捷径，但是却很想通过充分的准备给客户留下良好的第一印象，从而与客户建立良好的关系，也让销售工作事半功倍。需要注意的是，所谓的衣着、发型、妆容等，都是第一印象的基本要素，第一印象实际上还包含丰富的内容，例如言谈举止、语气声调等。所以，销售人员一定不要轻视第一印象，也不要觉得自己轻而易举就能给他人留下良好的第一印象。任何时候，作为销售人员都要对销售工作怀有敬畏之心，更要发自内心地尊重客户，真诚地对待客户，才能如愿以偿在销售工作中有所回报，有所收获。作为销售人员，当客户不知不觉“爱”上你时，你的销售工作也就会水到渠成、马到成功了！

营销秘籍

让客户爱上你，是你的能力！在与陌生的客户第一次见面时就给对方留下好感，这是未来的销售工作顺利展开的关键。为了实现心理学上首因效应的积极作用，销售员一定要精心准备与客户的第一次见面，即使第一次见面是偶然发生的，也要尽力表现自己，从而争取给客户留下良好的第一印象。

23. 喜欢，是相互的

在销售过程中，很多销售员都会抱怨客户对自己的态度非常冷淡，总是不冷不热的，而且丝毫不把自己作为销售顾问看待。相信很多朋友都曾经看过磁铁相互吸引或者相互排斥的景象，那么就会知道磁铁是会相吸或者相斥的。实际上，不仅磁铁如此，人与人之间也是如此。只不过磁铁是同极相斥、异极相吸，而人与人之间则是志同道合的人相互吸引，各种观念和价值观不相符的人则相互排斥。如果抛除这个因素，仅从吸引力的角度来看待呢？无疑，人们只会喜欢喜欢自己的人，而对于讨厌或者排斥自己的人，人会本能地躲避与抗拒。把这个规律用在销售员与客户之间，简而言之，就是销售员与客户之间的喜欢是相互的，唯有销售员喜欢客户，客户才会喜欢销售员。反之，如果销售员不喜欢客户，那么客户当然也不会对销售员心生好感。

看到这里，很多人都会感到纳闷，难道销售员还会不喜欢客户吗？在大多数人心目中，销售员当然会喜欢客户，而且还会努力地向客户示好。然而现实却是，很多销售员因为不喜欢客户，或者因为客户的脾气秉性不是他的菜，或者因为与客户之间发生争执和不愉快，也或者什么原因都没有，就是不喜欢。总而言之，销售员不喜欢客户的情况是绝对存在的，而且销售员还会因此而对客户冷淡，甚至怒怼客户。可想而知，在这种情况下，销售员非但不能做到与客户相互喜欢，而且还会导致销售工作陷入僵局，遭到阻碍，再也无法继续向前推进。

从这个角度来说，销售员要想赢得客户的喜爱，最好的办法就是当机立断喜欢客户，即使不能发自内心地喜欢客户，哪怕假装喜欢客户也好啊！很多人都觉得人与人之间需要缘分，有了眼缘才能一见面就相互喜欢。不可否认，有缘分固然好，然而如果没有缘分，只要改变心态，让自己从厌恶一个人到努力地喜欢一个人，也会渐渐地发现这个人值得赏识的地方。仅从人际关系的角度而言，一个人如果不管看到谁都怒目以视，那么他根本不可能建立良好的人际关系。如果一个人看每个人都觉得很瞧不上眼或者吹毛求疵，那么可想而知他的人际关系肯定非常恶劣。改善人际关系，一定要从自身做起，先改变自己的态度，让自己变得积极而又充满热情，才能在人际相处方面卓有成效。

作为入行三年的销售人员，黎明俨然已经是行业里的老人了。如今，他也有资格带徒弟，手把手地教会徒弟很多业务知识和销售技巧。有时候，看到徒弟因为不懂得如何销售而苦恼的样子，黎明就会想起自己曾经的成长经历。

一天，徒弟因为不喜欢一个客户，居然赌气地说再也不愿意见到这个客户了。这时，黎明气定神闲地问：“如果这个客户能让你月薪过万，你也要与他为敌吗？”徒弟被问住了，显然，他并没有想到这个客户的价值，而只是一时气愤就要彻底放弃客户。黎明继续说：“假如你在意识到这个客户的价值之后，依然愿意放弃，那么我尊重你的选择。你可以把客户给我，但是我告诉你，作为你的师父，即使你放弃的客户在我手上成交了，我也是不会给你任何甜头的。”徒弟很犹豫，在即将失去的这一刻，他意识到这个客户其实并没有那么糟糕，之所以向他提出各种要求，只是为了维护自己的利益而已，而这恰恰是人的本能使然，绝非故意刁难。

黎明似乎看透了徒弟的心思，对徒弟说：“想想自己为何讨厌这个客户，是这个客户真的不好，还是你作为销售员对客户过于挑剔和苛责了？记住，你是为客户服务的，而不是恰好相反，因此你最不该做的就是挑剔客户。直到有一天你能心平气和面对形形色色的客户，你才算真正成熟了。”徒弟觉得师父说的话很有道理，真的开始尝试着接受客户，喜欢客户，果不其然，他发现客户并非一无是处，而是有很多可取之处。渐渐地，徒弟与客户之间的关系越来越好，在业务方面也有了很大的起色。

恋人之间只有彼此相爱，才能让感情加深，同样的道理，销售员与客户之间只有相互喜欢，才能建立友好的关系，也才能让销售工作顺利推进。很多初入行的销售新人，总是因为对客户百般挑剔而导致自己万分痛苦，他们不知道的是，既然走上了销售这条路，就算彻底放弃了挑剔客户的权利。不管来的是怎样的客户，销售员都要积极地对待客户，与客户搞好关系。从人际关系学的角度而言，销售员在与客户的关系中应该占据主导地位，起到积极的引导作用。否则，一旦销售员反感客户，那么还如何能与客户愉快地相处呢？

每一个优秀的销售员都会做到发自内心地喜欢客户，真诚地接近客户并为客户着想。唯有当销售员的满腔热情都被客户接收，客户才愿意亲近销售员，也才有可能与销售员合作。其实，在每一种人际关系中，彼此亲近，让心靠拢，都是实现良好人际关系的关键，都能对人际关系的发展起到推动的作用。

如果一个客户在诸多的销售员之中选择了某位销售员，那么绝非这位销售员运气好，而是事出有因。如今，很多行业已经没有秘密，成熟的产品质量也都相差无几，客户选中销售员最主要的原因是因为更喜欢某个销售员，更愿意与这个销售员接触与合作。很多朋友都了解气场，这实际上也是气场的融合。尽管人在职场，很多选择和决定都与利益挂钩，我们更要相信人与人之间有比利益更重要的东西。在一切向钱看的大环境中，能以自身的魅力赢得客户喜爱的销售员，才是真正顶级的销售员。当然，在赢得客户的喜爱之前，不要忘记先发自内心、真心诚意地喜爱你的客户哦！做到这一点，一切才皆有可能。

营销秘籍

爱上客户，是销售员首先要做到的事情。对于一个不喜欢自己的人，人们很难真正喜欢起来，所以销售员要想赢得客户的喜爱，首先应该发自内心地喜爱客户，这样才能为与客户之间建立和保持友好的关系奠定基础。销售员每天都要遇到形形色色的客户，一定要调整好心态，宽容接纳和真诚对待每一个客户，才能真正赢得客户的喜爱。

24. 赞美，让客户心花怒放

在这个世界上，最让人怦然心动的话就是赞美。没有任何人能拒绝他人的赞美，在得到赞美时，人们都会情不自禁地感到激动、兴奋，甚至还会因为赞美而沾沾自喜，觉得自己比想象中的更优秀。从这个角度而言，也可以说赞美是最华丽的语言，在人际交往中能够起到最好的效果，有助于促进人与人之间进行交流，拉近彼此之间的距离。尤其是在面对陌生人或者初次见面的人时，适度的赞美能打开对方的心扉，让对方接纳我们，对我们形成好感，从而也愿意与我们合作。

需要注意的是，凡事皆有度，过犹不及，赞美也是如此。赞美他人，一定要把握好合适的度，既不要流于表面，使人感觉虚伪，也不要过度热情，使人觉得你的赞美是刻意逢迎。只有恰到好处的赞美，才能起到最佳的效果。众所周知，销售员是想促进成交的，所以必须把握好赞美的度，选择最合适的方式赞美客户。否则，一旦赞美起到相反的效果，就会事与愿违。

当然，恰到好处地赞美客户，成功地打动客户的心，是有技巧的。例如，要赞美客户不为人注意的小细节，要真诚地赞美客户，而不要表露出虚伪的痕迹，还应该进行具体的赞美，而不要让赞美流于表面、流于敷衍。

在赞美客户时，一定不要言过其实，否则赞美就会变了味道，甚至还会起到相反的作用。当然，既然决定赞美客户，也就不要吝啬自己的赞美，而要大张旗鼓地打动客户的心。由此可见，把握好赞美客户的度其实是很难的，既不能过分热情，又不能虚伪冷淡，既要赞美大处，又要赞美小处。作为销售员，一定要多多用心观察客户，也要给予客户最华丽的赞美，才能赢得客户好感，让销售工作水到渠成。

小林在一家建材城里负责销售地砖，因而，他每天的工作就是与形形色色来挑选地砖的客户打交道。这一天，小林因为害怕堵车，所以提前到达单位。他还没来得及收拾好摊位呢，一个老人就走进店里，在地砖前驻足观察，而且徘徊很久。

小林走过去时，老人正看得入神。小林对客户说："您好，先生，您真有眼光，这款地砖是我们店里的明星产品和主打产品，得到了很多客户的喜爱呢！"听到这话，老人不由自主地泛起笑意，问道："这款地砖的价格怎么样？"小林说："这款地砖原本属于高端产品，不过公司最近正在打造明星产品，所以给予这款地砖很大的折扣力度，现在打完折后只需要180元每块。"听到价格，老人情不自禁地蹙起眉头，说："还能再优惠吗？"被问及这个难以回答的问题，小林并没有像很多销售员一样觉得理亏，因而结结巴巴不能说出完整的话，相反，小林话锋一转，问老人："请问您住在哪个小区啊？"老人回答："莲花小区。"小林马上展开赞美攻势："您住在莲花小区啊？那个小区特别高端啊！我有好几个客户都是那个小区的，因而送货的时候去过几次。小区里绿化很高，物业管理也很严格，最重要的是楼间距大，室内采光特别好。"老人紧蹙的眉头舒展开了。小林继续说道："前段时间几个莲花小区的客户进行了团购，价格是160元每块，因为他们联合起来购买的量很大。正巧这几天他们要补货，如果您定下来买这款地砖，我就帮您申请加入他们的团购吧，因为你们的送货地址是一样的。要是其他小区，肯定没有办法这么操作。”说完，小林还建议老人可以去小区里的某一户人家去看看实地的效果。小林羡慕地说：“您所在的小区楼间距大，采光好，铺这款地砖简直太漂亮了。如果您要是住在其他小区比较低的楼层，我肯定不建议您购买这款地砖，因为光线不好的情况下会显得很暗淡。”在小林的赞美攻势下，老人当即拍板购买这款地砖，就这样，小林轻轻松松就来了个开门红。

看到老人徘徊在一款地砖面前，小林当机立断向老人推荐这款地砖，先是夸赞老人的眼光好，接着夸赞老人居住的莲花小区有档次，楼间距大，尤其适合这款高档的地砖。试想，谁不想在一大早就听到赞美之词呢？这样的赞美就像是早晨喝了一杯温热的小米粥，暖心暖胃，让人觉得非常舒服。正是因为赞美得恰到好处，所以小林才能激活老人的心，也让老人在高兴之余当机立断掏钱买下产品。不得不说，小林的销售策略之所以成功，就是因为赞美得恰到好处，使老人心花怒放。

在现实生活中，赞美几乎无处不在，所谓有需求就有市场，这也正是因为很多人都喜欢听到赞美。从本质上而言，赞美是一种艺术，不但要掌握合适的度，还要根据赞美对象和现实生活的场景随时调整，从而起到最佳的效果。例如赞美孩子要用可爱，赞美老人则要用老当益壮，这也要求销售员必须深入了解客户，把握好客户的赞美点，才能以最佳切入点赞美客户，从而让客户发自内心认可和接受销售员的赞美。只有把各个方面都做到位，赞美才能给客户最佳的情绪体验，才能帮助销售员顺利开展销售工作，让销售工作事半功倍。

在交流过程中，如果遭遇冷场，适时适度的赞美也能够消融尴尬气氛中的坚冰，从而让气氛变得融洽，让交流顺利进行下去。总而言之，把赞美用得恰到好处，对于销售员而言不但是一门艺术，更是一种技能。懂得赞美的销售员总是有良好的业绩，而且在销售行业也会如鱼得水，游刃有余，这都是赞美在发挥力量和作用。

营销秘籍

适度的赞美，才能事半功倍。赞美是世界上最美丽动听的语言，没有任何人能够拒绝赞美的魅力。作为销售员，要想与客户建立良好的关系，一定要真诚地赞美客户。相信客户在接受销售员的赞美之后，也会对销售员平生几分好感，从而有助于销售工作顺利展开和圆满完成。

25. 找准兴趣，打开客户的话匣子

在销售过程中，尤其是面对初次见面的客户，销售员内心其实都是紧张的，他们最担心的事情就是交谈中出现冷场，从而使得销售过程无法继续向前推进，还有可能给客户留下恶劣的印象，导致销售无以为继。那么，如何才能打开客户的话匣子，让客户说起话来滔滔不绝呢？这样不但有利于营造和谐的交谈氛围，而且让销售员有机会从客户的话中了解更多的信息，也更加了解客户，有的放矢地与客户交流。

出于本能，几乎每个人在面对陌生人时都会心生警惕，这也是自我保护的一种反应。对于销售员而言，面对客户，最重要的是在心理上与客户变得亲近起来，从而找到共同话题，与客户之间展开顺畅的交流。当然，所谓的共同话题，因为销售员在谈话之初处于迎合的状态，所以从本质上而言应该是客户感兴趣的话题。一个话题，只要客户是感兴趣的，对于销售员而言就能够让话题继续下去，也让客户兴致盎然。反正，哪怕销售员对某个话题很感兴趣，但是客户却不愿意谈论这个话题，那么这个话题也是失败的。归根结底，在与客户交谈过程中，销售员一定要找准客户的兴趣点，打开客户的心扉，激发客户的谈兴，才能让销售顺利进展下去。

实际上，销售员在面对客户时，只要不是新手因为紧张而无话可说，大

多数销售员还是有满肚子的话要说的。然而，如果销售员只是按照自己的销售计划或者纯粹出于主观意愿而滔滔不绝地说下去，那么很有可能导致销售失败。这是因为销售员所说的话题并不是客户感兴趣的，还有可能是会引起客户反感的。例如销售员一见到客户就开门见山、滔滔不绝地开始说产品，那么因为缺乏铺垫，客户很可能感到厌烦。当然，不否认有些客户是喜欢开门见山的，那么销售员就要根据客户的性格特征，选择最适合客户的销售策略和方式。正如人们常说的，鞋子是否合脚，只有脚知道。由此可见，销售员了解客户是销售过程顺利展开的关键。

作为一名课程推销员，嘉瑞把推销课程的工作做得出神入化，很多课程推销员都因为遭到拒绝而烦恼，嘉瑞尽管也常常遭到拒绝，但是他更享受与客户畅聊的过程。如果说大多数课程推销员都在迫不及待地推销课程，那么嘉瑞的工作思路则恰恰相反，他是先与客户成为朋友，然后再让客户主动向他咨询课程的相关事宜。嘉瑞是如何做到这一点的呢？

大多数课程推销员去拜访客户之前，都会先做好各种准备，甚至还会一个人对着镜子进行演说练习。而嘉瑞则恰恰相反，他会很认真地准备课程的相关资料，但是却不会费心自己要如何去说。他是带着一双耳朵去与客户交谈的。每次见到陌生的客户，嘉瑞都会邀请客户介绍自己和孩子的情况，也会在客户说得兴致盎然时适时地提出问题，抛砖引玉，因为这些问题大多数都是能够引发客户感慨，让客户滔滔不绝的问题。接下来，嘉瑞要做的就更简单了，他只要时不时地附和客户，或者适当的时候点头对客户表示认可，以赞美表现对客户的钦佩，如此一来，客户就会继续兴致勃勃地说下去。嘉瑞发现，尤其是在说起与孩子相关的话题时，客户总是滔滔不绝，口若悬河。

在此过程中，客户找到了自己感兴趣的话题，嘉瑞也得以更加了解和熟悉客户，可谓一举两得。等到几次交谈之后，嘉瑞只需要把自己精心做好的课程计划书交给客户，而客户在遇到看不懂的地方时自然会给嘉瑞打电话，邀请嘉瑞进行下一场尽兴的交谈。

正是凭着善解人意和乐于倾听，嘉瑞才能让客户感觉到几个小时的交谈短暂得如同几分钟一样，时间完全是在不知不觉间就度过了。当然，这只是表象，最根本的原因在于嘉瑞和客户之间的交谈完全以客户的兴趣作为重点，对于感兴趣的话题，相信每个人都会兴致盎然，欲罢不能的。所以，嘉瑞的成功，在于他能够找准客户的兴趣点，也能够以此打开客户的心扉。和那些急功近利、迫不及待想成交的课程推销员相比，嘉瑞看似没有销售的策略和方式，却又达到了最高的销售境界。

要想激发客户的兴趣点，就要忘记自己的目的，而尽量让客户在交谈中明确需求。其次，还要扮演好听众的角色，让客户有兴致继续交谈下去。需要注意的是，一味地倾听并不合时宜，因为大多数人都渴望有善解人意的听众。所谓善解人意，具体而言，就是能够在该发问的时候发问，在该点头的时候点头，在该赞美的时候赞美。如此一来，客户才会得到恰到好处的回应，才愿意继续交谈下去。

对于销售员而言，如何与客户进行愉快的交谈，绝对是一门技术，更是一门艺术。试想，如果连最基本的沟通都不能保障，又如何让销售顺利推进、顺理成章呢？很多销售员会把客户看得太过于高大，甚至觉得客户是不食人间烟火的。实际上，客户也是人，而不是神仙，当销售员以交谈让客户恢复人间的烟火气，客户就会顺理成章表现出自己作为俗人的本质，这样一来销售员与客户之间的关系会变得更亲近，交谈也会变得更加和谐融洽。

营销秘籍

兴趣是点燃客户谈话热情的导火索。与客户进行交谈时，销售员最怕的就是冷场，或者因为客户不配合而导致交谈无法顺利进行下去。如果遇到这种情况，销售员一定要第一时间想到是否话题不合时宜，尽管销售员的目的是销售商品，但是开门见山的推销方式未必适合所有的客户。为了给销售工作做好铺垫，销售员应该先从客户感兴趣的话题开始说起，激发客户的谈兴，营造良好的交谈氛围，接下来的推销工作才能顺利进行下去。

26. 以自知和诚信，赢得客户信服

作为销售员，如果不能得到客户的信任，可想而知销售工作是很难展开的。从根本上而言，客户对于销售员的信任，是销售工作顺利进行和获得结果的必备因素，如果没有这个前提，销售工作会变得异常艰难，也无法取得好的结果。

尤其是在现代社会，很多人都生存在各种各样的关系中，人脉资源也被提升到了前所未有的高度和地位。很多职场人士都知道，必须处理好人脉关系，拥有更加丰富的人脉资源，才能让工作和事业在推进过程中更加顺畅。反之，假如因为缺乏人脉资源，而导致各项工作都进展艰难，则结果也会变得难以预期。从这个角度而言，人脉资源尽管是无形的资产，却能够起到很强大的作用，尤其是对于销售员而言，假如能够在客户之中建立好口碑，那么老客带新客的力量一定会非常强大。

最初加入销售行业时，李嘉诚主要负责生产塑胶花。曾经有一位外商与李嘉诚谈判，想从李嘉诚这里订购大量塑胶花，然而，因为担心刚刚起步的李嘉诚不具备足够的实力，外商要求李嘉诚必须找到实力雄厚的厂家为自己作担保。这对于白手起家、毫无背景的李嘉诚而言，当然是个很大的难题，因为他不知道如何才能说服别人给他作担保。后来，李嘉诚只好四处求人，寻求担保，但是哪怕他跑断了腿，磨破了嘴皮子，也没有厂家愿意给他作担保。眼看着到手的鸭子就要飞了，李嘉诚只好死马当作活马医，一五一十地把实际情况都告诉了外商。外商看到李嘉诚老实本分的样子，很受感动，决定即使没有担保，也要把生意给讲究诚信的李嘉诚去做。然而，李嘉诚很固执，他觉得自己没有达到外商的要求，也担心以自己的实力无法完成那么大量的订单，为此坚决拒绝了外商的好意。

众所周知，无商不奸，大多数生意人都是为了利益不顾一切地往前冲，而李嘉诚却能够衡量自己的实力，拒绝如此大的订单，外商对于李嘉诚的印象更好了，因而坚决要把订单给李嘉诚做，而且相信以李嘉诚的人品，必然能保质保量地完成订单。

李嘉诚到底是凭着什么获得外商信任的呢？他并没有达到外商的要求，没有找到有实力的厂家为自己担保，也知道自己的实力还无法保证完成订单，因此他把实情告诉外商，还拒绝了外商的好意。面对外商的信任，他也没有不负责任地接受订单，而是坚决拒绝，正是这样负责任的态度和诚信的品质，让外商更信任李嘉诚，也更心甘情愿地选择李嘉诚。

与李嘉诚相比，很多生意人都想赢得更多的生意，赚取更多的利润，恰恰是这种唯利是图的心态，让他们在生意过程中无法赢得合作伙伴的信任，让合作伙伴忐忑不安。要想把生意做得长远，就要有自知之明，更要做到诚信待人，才能真正地赢得客户的尊重和信任，也让客户心甘情愿地合作。

有些销售人员总是把自己定义为打工的，实际上，做销售就是做生意，只不过销售是一个人与客户的生意，因而作为销售员一定不要小觑销售工作，而要怀着端正的态度，把销售工作做好。而做生意的过程，从本质上来说就是建立信用的过程。当销售员能够赢得客户的信任，这场一个人的生意就会做得非常成功。而一旦失去客户的信任，招致客户的怀疑，那么就要做出很多努力才能弥补，也未必会取得好的结果。总而言之，要想当好销售员，一定要以自知和诚信为自己树立口碑，赢得客户的信任和托付。

营销秘籍

唯有自知和诚信，才能赢得客户的信任。人贵有自知之明，作为销售员，既要把自己当成专业人士，给客户必要的意见和建议，也要怀着服务的态度，真诚地对待客户。唯有这两方面都兼顾到，都做好，销售员才能处理好与客户之间的关系，让销售工作水到渠成。

27. 与客户产生矛盾怎么办

牙齿还有咬到嘴唇的时候呢，人与人相处，怎么可能一帆风顺，从来没有磕磕碰碰呢？尤其是销售员与客户之间在缺乏了解的情况下，则更容易产生摩擦。那么，在与客户发生矛盾时，又该怎么办呢？也许对于身边的人，感到不痛快的时候可以随意一些，或者争执，或者逃避，这都是可行的，但是与客户的交往尽管看起来就像朋友之间的交往，实际上与朋友之间的交往还是有着本质区别的。对于客户，尤其是在发生矛盾时，一定要谨慎处理，而不要因为一时冲动或者意气用事，就与客户之间爆发激烈的冲突。

日常生活中，人们形容夫妻感情破裂，总是说破镜难圆，实际上不仅夫妻之间的感情如此，人与人之间的感情都是如此。在这个世界上，除了父母能够无原则地包容孩子，人际相处一定要有底线，而不要肆无忌惮地消耗他人的好意，也不要因为一时的冲动就做出让自己追悔莫及的举动。

当与客户发生矛盾时，最重要的是要懂得宽容。对于销售员而言，当然会竭尽全力把产品说得更好，而对于客户而言，基于消费者的身份，他们会怀疑产品的质量，有很多的疑虑需要去解决，这都是情有可原的。当然，作为消费者，客户不会主动去体谅和宽容销售员，那么作为销售员，本着成交的目的，就要尽量理解和体谅客户，这样才能避免矛盾发生，才能最大限度为客户服务，促成交易。哪怕客户说出外行话，让销售员感到很气愤，销售员也应该尽量理解客户，从而竭尽所能消除客户心中的疑虑，更深入透彻地为客户介绍产品和服务。从这个角度而言，在与客户发生矛盾时，销售员一定要懂得，退一步海阔天空。

作为一名推销员，小梦不知道遭遇到了多少次客户的拒绝，遭受过多少次客户的非议和刁难。然而，小梦很清楚，这是因为客户不了解产品，缺乏信任导致的。当然，她偶尔也会遇到性格很古怪的客户，在这种情况下，她就更努力说服自己，接受客户的非议，做好对客户的服务。

有一次，小梦去见一个朋友介绍的客户，才刚见面，这个客户张口就说："我一直认为，所谓培训都是骗人的。"尽管小梦曾经无数次遭到客户这样的质疑，但是像这样开门见山、毫不掩饰自己的客户却是很少见的。为此，小梦对客户说："我很理解您的感受，因为我在从事培训之前，也觉得培训就是花钱买个证书，甚至已经加入到这个队伍中，我都不太相信培训的含金量。可想而知，我初入行时非常被动，不但接连几个月没有任何业绩，连生存都成了问题，而且自己也很痛苦，不知道如何才能做得更好。直到我自己也报名参加了培训，听到很多优秀的老师讲授关于专业的知识，我才真正相信培训具有强大的力量。现在，我每个月的业绩都位列公司前三名，是不折不扣的销售冠军，我想您也许和我一样需要转变。"这番话不但认可了客户的感受，也彰显了小梦的自信，完美地把客户充满火药味道的质疑消融了。后来，这位客户不但通过小梦参加了相关的培训，还与小梦成了性情相投的朋友。

小梦很聪明，面对客户充满火药味的质疑，她没有直接否定客户的话，而是首先认可了客户的感受，并且表明自己曾经比客户更不信任培训。如此一来，客户原本把自己放在小梦的对立面，如今却能相信小梦，也知道小梦非常理解他的感受。自然而然地，小梦的推销工作可以顺利展开，也由此打开了客户的心扉，让自己的每一句话都能说到客户的耳朵里和心里。不得不说，小梦是身经百战的销售员，所以才能出招于无形，征服客户于不露痕迹中。

面对与客户的摩擦，每一个销售员都会感到紧张，缺乏经验的销售员还会忍不住想要逃离，绝不想与客户正面冲突。然而，现实情况告诉我们，一味地逃避根本不能解决问题，因为要想达成交易，销售员归根结底要面对客户。除非彻底放弃客户，否则就无法逃避。这样一来，注定了销售员必须勇敢地面对客户，而且还要恰到好处地解决问题，不能惹恼客户。更高明的销售员会在解决问题的过程中征服客户，为自己未来的销售工作做好准备，做好铺垫，从而让未来的销售工作水到渠成，马到成功。

毋庸置疑，解决与客户之间的矛盾并不容易，销售员不但要深入了解客户的需求，还要让自己说出来的话能被客户听进去，打动客户的心，才能赢得客户的好感，扭转不利于销售展开的局面。每个客户在购买行为发生之前都是有计划或者有预期的，因而作为销售员不要轻易试图扭转客户的想法和观点，而要充分尊重客户的意见和观点。很多销售员妄自菲薄，不管什么事情都听从客户的，有些销售员则恰恰相反，不管什么事情都固执己见，甚至自以为是，觉得自己是行家，完全有资格对客户指手画脚、颐指气使。没错，客户的确需要向销售员求助，也要尊重销售员的意见，但是作为销售员却不要忘记，客户是消费者，是服务行业的上帝，任何时候，销售员尽管可以给客户提供参考意见，但是却不能完全代替客户做主，更不要忘记客户是上帝的服务理念。哪怕销售员的意见多么中肯，如果不能以客户喜欢的方式说出来，并且让客户接受，那么这样的销售也是失败的，还很有可能导致销售员与客户之间的关系更加恶化。

矛盾的引发绝不是无缘无故的，一定是有导火索的，在这种情况下，销售员要想彻底解决问题，除了安抚客户的情绪，以客户喜欢的方式表达之外，更要切中实际，那就是给客户提出合理的建议和切实能够解决问题的方案。尤其当矛盾的发生是因为横亘的难题，销售员更要当机立断提出有效的建议和解决方法，当销售员真正为客户排忧解难，客户对于销售员也会更加认可，这样的做法不但能够缓解矛盾，甚至能够彻底解决矛盾。

不管是哪个行业的销售员，每天都要接触和面对形形色色的客户，在如此复杂的人际关系中，磕磕碰碰是难免的。如果能够处理好这些小矛盾，销售员就能征服客户，得到客户的信任与托付。反之，如果连这些小矛盾都不能处理好，那么很有可能导致矛盾激化，使得关系更加恶化，达成交易的目标自然也就会化为泡影，彻底落空。所以作为销售员，一定不要小觑与客户之间的矛盾，唯有更加理解客户，设身处地为客户着想，才能切实有效帮助客户解决问题，最终让交易顺利达成。

营销秘籍

为客户解决矛盾，是销售员的天职。销售员每天都要面对形形色色的客户，难免会与客户产生矛盾与摩擦。需要注意的是，销售员与客户之间的关系有些微妙，也需要谨慎处理，否则很容易因为一些小事情就导致关系破裂，让销售工作彻底落空。

第六章

倾听，是成功销售的第一步

众所周知，沟通是销售的生命，如果没有沟通的支撑，销售根本无法进行下去，更不可能获得任何成功。那么，如何才能进行高质量的沟通呢？对于沟通而言，倾听是关键所在。很多人误以为所谓沟通就是喋喋不休地表达。实际上，表达只是沟通的方式之一，而不是沟通的灵魂。在沟通诸多要素中，一定有一个要素是能承担起灵魂重任的，那就是倾听。倾听真的有如此重要吗？如果你不了解倾听的意义所在，你就无法展开成功销售的第一步。

28. 懂得倾听，才能了解客户需求

如果说大多数销售都建立在沟通基础上，相信每个人都会表示认可。然而，如果我们把表达更深入一些，改变一种说话，一针见血地指出大多数成交都取决于倾听，那么相信有很多人都会非常惊讶：销售主要靠嘴巴，怎么能把这么大的功劳都归功于默默无闻的耳朵了呢？别着急，让我们先来认真地分析一下，很多人就会恍然大悟。

面对一个陌生的客户，要想达成交易，第一步要做的就是了解客户的需求。如何了解客户的需求呢？自然，客户不会把自己的需求都变成文字进行条分缕析的表达，大多数客户会以说的方式讲述需求，还有极少数客户比较内向，甚至不愿意主动说出需求，这种情况下就需要销售员的引导。当客户开始表达需求时，销售员应该怎么做呢？当然不是自顾自地说产品的好处，而是要耐下心来倾听客户，这个时候，耳朵就派上大用场了。销售员一定要用心倾听客户，不要错过客户每一句关键的话，这样才能捕捉客户言谈中的重要信息，更加了解客户的需求，也可以对客户忽略的需求进行适当的提醒，从而让需求更加明确。如果销售员不懂得倾听，和客户抢着说话，或者不能适时引导客户更明确的需求，那么接下来的销售工作就会进展艰难，销售员也很有可能因为无法准确把握客户的需求而失去客户。

倾听不但有助于了解客户的需求，会倾听的销售员还能恰到好处地激发起客户的谈兴，在客户兴趣所至的谈话中，渐渐地拉近与客户之间的关系，也为未来的销售工作铺垫好感情基础。如何启发客户的谈兴呢？同样要先倾听客户，了解客户的兴趣点，从而才能事半功倍找到让客户感兴趣的话题。很多高明的销售员并不需要对着客户说得口干舌燥，而只需要付出一双耳朵，认真地倾听客户，就能极力推动销售过程向前迈进。看到这里，相信很多人对于倾听的力量和作用都感到非常惊讶吧！

作为大名鼎鼎的保险推销员，有一次，弗兰克要参加在美国境内的巡回演讲活动，把自己在销售实战中积累的销售经验、体会心得等讲授给听众们。这样一番巡演下来，越来越多的人知道了弗兰克的大名。然而，弗兰克没有忘记自己的本职工作，巡演刚刚结束，他就马上投入保险销售工作中。

有一天，弗兰克去拜访一家牛奶公司的总裁，想向这位总裁推销保险。这位总裁早就听说了弗兰克在美国境内进行巡回演讲的经历，因而很期待这次会面。才见到弗兰克，总裁就迫不及待想听听弗兰克此行的见闻，因而问道："弗兰克，快说说你巡回演讲的事情。"毫无疑问，每个人都愿意把自己的得意经历讲述给别人听，弗兰克也是如此，但是他并没有因此就忘记自己的目的，因而他巧妙地转移话题："当然，能和你分享我感到很荣幸。不过老朋友，咱们很久没见了，我更希望马上知道你的近况呢！诸如工作，诸如家庭，都怎么样呢？"看到弗兰克如此关心自己，总裁很高兴地说起自己的近况，还把家庭和生意上的事情都告诉了弗兰克。当说起最近的一次聚会时，总裁明显变得眉飞色舞。就这样，弗兰克一直充当倾听者的角色，也对总裁别开生面的聚会表现出很大的兴趣。看起来，弗兰克不像来推销保险的，而像与久未谋面的好友话家常一样。两个小时之后，总裁才谈兴渐淡，弗兰克适时告辞，总裁在送别弗兰克时说："弗兰克，我准备给家人和员工都买保险，家人的保险预算是三万美元，员工的保险预算是十万美元。辛苦你做好保险计划书，然后派人送给我吧！"多么神奇啊，弗兰克从未提起保险的事情，生意就这么做成了。

弗兰克不愧是保险销售的传奇人物，古人云兵不血刃，他却连提都没有提保险的事情，就成功地把保险销售出去了。很多普通的保险代理人哪怕费尽唇舌，说得口干舌燥，也未必能够做到这一点，这就在于是否懂得倾听，善于倾听。

懂得倾听的销售员，总是在倾听过程中准确把握客户的需求，为有的放矢满足客户的需求做准备。在倾听的过程中，他们还会给予恰到好处的回应，从而激发客户的谈兴，满足客户表达的欲望，打开客户的心扉，拉近与客户之间的距离。当交谈涉及销售业务时，他们还会征求客户的意见，询问客户需要怎样的产品和服务，以虚心的态度改进自己的服务，还把产品的改进意见反馈给公司。长此以往，客户当然会对产品和服务感到更满意，也会因为销售员敬业的态度而感动。

如今，很多企业都注重提高客户的满意度，甚至要求销售员的服务必须达到客户百分之百的满意。不得不说，这些企业都是高瞻远瞩的，也知道客户的满意才是企业生存的基础，才能给企业的生存带来光明似锦的前途。当然，销售员也要与时俱进，让自己的服务满足客户的需求，也达到公司的高标准严要求，这样才能激发出自身的潜力，让自己成为真正优秀的销售员。当然，做到这一切的前提是倾听，每一个销售员都不要忘记在见客户的时候带上自己的耳朵哦！

营销秘籍

做好倾听，才能成功营销。倾听是交谈的第一步，一个真正善于倾听的人，才是善于交谈的人。作为销售员，千万不要一见到客户就滔滔不绝地介绍商品，否则只会引起客户的反感。明智的销售员知道，要先用心倾听客户，才能了解客户的需求，才能有的放矢地满足客户的需求。

29. 善于倾听，从客户谈话中获取珍贵信息

既然知道倾听的重要性，相信很多销售员都会把倾听客户提上日程，也会在与客户沟通时花费更多的时间和精力用于倾听。然而，倾听与倾听也是截然不同的。有的销售员看似在倾听，却因为不善于倾听，导致只是耳朵在听，心里却感到很迷惘，根本不知道如何从客户三言两语之中捕捉更多的信息。相反，真正善于倾听的销售员，会在倾听的过程中搜集客户的信息，为更好地把握客户需求、服务客户做好准备。

怎样才能从客户的谈话中获取珍贵信息呢？首先，不要把客户的话当成耳边风，当销售员对于客户的话左耳朵听、右耳朵出时，倾听是无法起到预期效果的。销售员倾听客户谈话，一定要用心，这样才能从转瞬即逝的交谈中捕捉到更多微妙的信息。很多时候，那些摆在桌面上的东西无法对销售起到推动作用，而恰恰是看似不起眼的细节，才会对成交起到至关重要的作用。当然，客户是不会把这些细节主动呈现给销售员的，唯有在客户放松状态下的交谈中，销售员才能捕捉到这些琐碎的细节，也为销售工作的展开增加助力。

此外，在倾听客户交谈时，销售员还要摆正心态。很多时候，客户会抵触销售员，也有些时候，销售员会抵触客户。在倾听客户时，销售员一定要

敞开心扉，这样才能接纳客户的一切，也才能得到客户的好感。否则，如果销售一边假装倾听客户交谈，一边流露出对客户的反感，客户一定会有所觉察，甚至因此而对销售员心生抵触。毫无疑问，这是得不偿失的。

作为全世界最伟大的推销员，乔·吉拉德的销售简直出神入化，然而，他的销售能力并非与生俱来的，在进入销售行业后，他也曾经无数次受到教训，才吃一堑长一智，渐渐地积累经验，最终成为销售界的传奇人物。

有一次，乔在门店接待了一位客户，从一开始，他们就一见如故，交谈得很愉快，因而客户当即表示要购买某种款式的汽车。得到客户释放出的这个信号后，乔暗自窃喜，很为自己如此轻松又销售了一辆汽车感到高兴。然而，在与客户从展厅走向办公室的过程中，乔不知道自己哪里做错了，到了办公室之后，客户的态度180度大转弯，突然改变主意不想当天签约了。乔百思不得其解，但是面对着急离开的客户，他却无计可施。

直到后来，在销售领域做得时间更长，也渐渐懂得了销售的艺术，再回想起当初失去客户的情形，乔才恍然大悟。原来，那天在从展厅走向办公室的过程中，他因为过于兴奋，也迫不及待想要签单，一下子改变了与客户相谈甚欢的状态，对客户提起自己的儿子马上要从医学院毕业的事情，他根本没有听到心里去。因而，当客户继续兴致勃勃地炫耀儿子时，乔总是处于断片的状态，导致客户很不高兴，当即意识到乔此前与他的交流都是为了销售而刻意迎合，才表现出来的。毫无疑问，乔的表现转变太快了，所以已经煮熟的鸭子就这样飞走了。从此之后，不管面对怎样的客户，乔一定是先了解客户的情况，甚至询问有关客户家人的情况，哪怕是对于不在场的客户家人，乔也不敢丝毫懈怠。正是因为牢记这次教训，乔在未来的销售工作中表现越来越好，也取得了卓越的成就。

作为销售员，要想从客户的谈话中捕捉到有用的信息，就要善于倾听客户的谈话。哪怕是作为销售之神的乔·吉拉德，也曾经因为不懂得倾听客户的谈话而失去了到手的订单，那么我们呢？不管是销售菜鸟，还是销售老将，都要学会倾听，善于倾听，才能在销售方面有所进步。

要做到善于倾听，一定要注意以下几点。首先，不要随意打断客户说话，要让客户把话说完整。很多销售员总是与客户抢着说话，殊不知一旦打断客户的思路，轻则使客户想说的话没有说完，重则导致客户谈性索然，再也不愿意继续谈话。其次，任何谈话都是双方的，不管是倾听客户，还是引导客户表达，都要注重观察客户的感受。相比起理智的思考，感受其实是更为直接的，也更能够引导他们做出相应的行为。因而销售员一定要留神观察客户的感受，必要的时候还可以复述客户的话，或者再次重复客户的感受，从而让客户知道销售员已经对他感同身受，毫无疑问，这对于提升交谈的效果有很大的好处。再次，为了避免分散客户的注意力，在交谈过程中一定要避免无关的肢体动作。试想，假如你在说话，你愿意面对一个左顾右盼的人吗？当然不愿意。倾听他人谈话时，看着他人的眼睛，或注视着他人面部的三角区，真正做到全神贯注倾听，不但能提升倾听的效果，也是对说话者的尊重。当然，如果客户有肢体动作，那么销售员就要尽力排除干扰，从而专心致志地倾听客户讲话。最后，一个懂得倾听的人，一定会给予谈话者及时的反馈，从而激发谈话者的兴致，让谈话者更愿意继续交谈。当出现尴尬和冷场时，倾听者还要及时打破沉默，保持交谈的愉快氛围。总而言之，对于每一个销售员而言，倾听都是非常重要的，也是必须做好的。既然那些伟大的销售员都在努力认真地倾听客户，配合客户交谈，作为普通的销售员，还有什么资格对客户口若悬河呢？

营销秘籍

用心倾听客户，销售员才有资格成功。在倾听客户交谈的过程中，销售员一定要非常用心，才能从客户的谈话中得到很多有效的信息，也才能把握客户的微妙心理，做好销售前的准备和铺垫工作。很多销售员倾听客户的谈话漫不经心，而只对自己的销售工作感兴趣，却不知道无形中就伤害了客户原本浓郁的谈兴，让销售工作陷入窘境，无法继续进行。

30. 你知道客户“嫌贵”的潜台词吗

作为销售员，当听到客户嫌弃价格太贵时，一定会觉得很为难，甚至嫌弃客户太穷，所以才会纠结于“根本不贵”的价格。殊不知，贵与不贵是相对的。例如卖东西的人总想卖得价更高，而买东西的人则想买得更便宜，在买卖之间，贵与便宜永远是不可调和的矛盾。对于这个矛盾，销售员很多情况下根本无法左右和控制价格，这也就意味着产品根本没有讨价还价的空间，这又该怎么办呢？

销售员一定要理解客户嫌弃产品贵的潜台词，很多时候，客户并非真觉得产品贵，而是别有用意。综合来说，客户嫌弃产品价格贵有以下几种情况。首先，客户有备选项，或者有同类产品的价格作为比较，因而虽然看中了产品，心中却有些不平衡。其次，客户对于产品还不够了解，大多数客户愿意为物有所值的产品付出昂贵的价格，但是对于不了解的产品却不能轻易下手，生怕自己买亏了。再次，销售员没有把握住客户的核心需求，因而推荐的产品不能完全满足客户的需求，这样一来客户当然不愿意买单啦！针对这三种情况，销售员也可以做出相应的对策。例如，当客户是因为同类产品价格更低而犹豫，那么就要把自家产品的细微差别告诉客户，从而帮助客户获得满足。当客户是因为不了解产品而觉得产品性价比不高时，销售员就要更加全面地介绍产品，重点突出产品的优势，这样客户才能获得心理平衡，也下定决心购买产品。当产品无法满足客户的核心需求时，则意味着销售员对于客户的需求不够了解，这种情况下一定要更加深入地发挖掘客户的需求，从而想方设法满足客户需求。遇到这种情况，销售员要警惕，因为如果接二连三推荐的产品都无法符合和满足客户需求，那么客户很有可能怀疑销售员的能力，甚至重新选择销售员为自己服务。

作为一名汽车销售员，张强最初接触汽车销售行业时，总是不知道如何回答客户关于“贵”的问题，这使他在销售的其他环节都进展顺利，唯独面对客户嫌弃贵的时候，就会导致一切都卡壳了，使得销售进程停滞。为此，张强折了好几个单子，也郁郁寡欢。痛定思痛，为了圆满解决客户嫌弃贵的问题，张强决定花重金请经验丰富的销售员吃饭，取得真经。

在饭桌上，张强一个劲儿地给前辈敬酒，终于，前辈酒后吐真言，说：“嫌货才是买货人啊！听到客户嫌贵不要沮丧，而应该感到高兴，这意味生意就快成了。”张强很纳闷地说：“但是，我不知道如何回答客户啊，告诉客户价格是公司定的，客户就一去不返了。”前辈说：“当然不能这么说，这么说相当于把客户往外推。我问你，你面对一个自己很喜欢的产品，会因为有些贵就放弃吗？”张强摇摇头：“如果特别喜欢，我宁愿多花点儿钱也买下来。”前辈说：“这不就是了嘛！如果客户嫌弃汽车太贵，或者是你推荐的车他还不够喜欢，或者是你还没有把汽车能够打动他的好处说出来，他当然不愿意掏更贵的价钱啦！”张强恍然大悟，赶紧端起酒杯感谢前辈：“真是听君一席话，胜读十年书，谢谢前辈指点！”前辈笑着说：“你这小子，也算是可教之材，居然一点即通！”

客户嫌贵，销售员非要说产品不贵，可想而知，这种生硬的回答一定会引起客户的反感，导致客户一去不返。实际上，客户嫌弃产品贵就相当于抛出了橄榄枝，就等着看销售员如何回应呢！因而在这种关键时刻，销售员一定要讲究策略和方法，更要把握客户的心理，而不要因为盲目回答错失客户。正如事例中前辈所说的，客户嫌贵实际上是动了购买的心思，是好事，而绝对不是坏事。简而言之，遇到客户嫌弃产品贵，销售员一定要摆正心态，端正态度，不要为此就嫌弃客户太穷，掏不起钱，也不要觉得客户是在矫情，而要当机立断找准原因，才能有的放矢解决客户嫌弃贵背后的深层次心理问题，从而果断解决问题，圆满地完成销售。

民间有句俗话，叫作嫌贵才是买货人。相比起嫌贵的客户，一个看了产品却二话不说扭头就走的客户，是更让销售员绝望的。从心理的角度而言，当客户嫌弃产品贵，至少意味着客户已经开始考虑购买，也意味着销售过程在往前推进。

作为销售员，不管客户提出怎样的购买需求，都应该站在客户的角度考虑，进而努力帮助客户，而不要只是充当产品介绍人的角色。如果销售员只会向客户推销产品，那么客户为何不选择自己看说明书呢？因而即使面对客户嫌贵的说辞，销售员也要坦然接受，更要理解客户的感受，从而有针对性地消除客户的疑虑，帮助客户下定决心购买产品。切记，贵只是客户真实表达的一个借口，要想成功销售，销售员一定要洞察这个借口，看到借口背后隐藏的原因，才能最大限度地深入挖掘客户的需求，也才能真正成功地满足客户的需求，使客户满意。

营销秘籍

客户嫌贵，其实是想达成交易的潜台词。相信有很多销售员一听到客户嫌贵，就会觉得脑袋马上变大了。的确，在成交进行中，商榷价格无疑是至关重要的一环，甚至直接关系到销售能否成功。作为销售员，要想真正搞定客户，顺利签约，就要以正确的心态对待客户嫌贵的态度。正所谓嫌货才是买货人，只有让客户面对价格也能保持心理平衡，交易才能顺利达成。

31. 聊好客户，才能把握客户

做销售的人都知道，如果不把客户聊好了，就很难洞察客户的购买心理，也就无法真正地把握客户的购买需求，这样一来想要达成交易就很难。因而，要想把销售工作做好，最重要的在于聊好客户。所谓聊好客户，就是要通过交谈洞察客户的心理世界，也要把握客户的购买需求，满足客户的需求，让客户拥有更高的满意度。

在销售过程中，每个销售员都要面对形形色色的客户，有的客户很相信销售员，因而成交也相对顺利，而有的客户则对销售员心怀戒备，因而总是在与销售员相处的过程中产生各种不愉快，甚至是矛盾和争执。面对这样的客户，销售员是最头疼的，因为他们不知道如何才能打开客户的心扉，赢得客户的真心，也因为客户心怀戒备，销售员无法做到聊好客户。遇到这种情况时，销售员最先应该做的就是消除与客户之间的隔阂，赢得客户的信任，从而与客户展开交谈。

沟通是人际交往的桥梁，人与人之间是不可能始终心意相通的，真正能够彼此理解、相互体谅的人，一定是在沟通的基础上形成了默契。销售员要想顺利地对客户开展销售工作，也一定要与客户形成默契，彻底打通沟通的渠道，这样在销售过程中遇到任何问题，都能因为顺畅到位的沟通而得以圆满解决。当然，需要注意的是，在与客户交谈时，销售员一定要多多用心，而不要敷衍了事。人是感情动物，每个人的感觉都是很敏锐的，唯有真正洞察客户内心，了解客户的需求，才能把销售工作做得恰到好处。当然，为了知人识面，销售员也应该学习一定的心理学知识。常言道，画虎画皮难画骨，唯有通过表象洞察人心，销售员才能对客户有更深刻的了解。再加上从客户的语言中捕捉到的更多信息，销售工作就会突飞猛进地发展。

作为咨询顾问，林丹最近正在解决一个客户的难题，为客户设计解决方案。凭着丰富的咨询经验和直觉，林丹知道这个客户一定会成交，因而不放弃任何微小的可能，在为客户介绍最好的解决方案之后，林丹又开始帮助客户准备备选方案。一段时间下来，客户虽然对于林丹的服务很满意，但是却迟迟不能下定决心。

就在林丹因为客户的犹豫而烦恼之际，她决定改变策略。从此前已经提供的方案里，林丹选出客户比较中意的方案，进行重点梳理。在谈到方案的一个细节时，客户突然表现出厌倦的神情。原本，客户与林丹并排坐着，上半身靠着会议桌，正在聚精会神地从笔记本电脑上看图册。看到这个细节时，客户突然把上半身靠后，距离会议桌有一段距离，而且把身体完全靠到椅子上。看到客户这样的表现，林丹意识到客户也许不中意这个细节，因而赶紧抓住时机问：“您是对这个细节有什么不满意的吗？”客户似乎也琢磨不定自己的感触，拿不准地说：“是的，这个细节让我觉得很不踏实。”林丹帮助客户分析了这个细节，在参考客户意见的基础上又进行了仔细斟酌，最终得出结论：“您的想法是有道理的，咱们先继续讨论接下来的流程，结束之后我会重点改进这个细节。”林丹的话一下子说到客户的心里，消除了客户的疑虑，客户连声赞同：“的确就这样，你这么一说我就放心了。”

听到客户的心声，林丹笑着说：“没关系，既然不认可这个细节，咱们就再商议。您放心，既然是为您设计解决方案，一定会达到您的满意。”客户这才放松下来，继续和林丹研究接下来的环节。最终，林丹圆满打消了客户的疑虑，也赢得了客户的认可和赞许。

有时候，客户的很多举动是无意识做出来的，连他们自己都不能清晰地认识到自己是在对产品表示排斥和抗拒。在这种情况下，如果销售员能从客户的行为举止中发现异常，那么就要抓住时机，及时询问客户觉得哪里不满意。再加上对客户的适当引导，客户往往就能发现问题所在，毫无疑问这对于销售员消除客户心中的疑虑，给予客户更好的服务，是极有好处的。

常言道，面由心生，实际上言也为心声。销售员要想更加深入地了解客户，仅仅从表面或者言谈进行挖掘，是远远不够的。在人际交往中，尽管语言表达占据主要的沟通地位，但是实际上肢体语言、面部表情等，更是客户不容易掩饰的无意识动作，也能更加深刻地表现出客户的内心世界和潜意识。因而，作为销售员，一定要有火眼金睛，不要轻易放弃客户的细微举动，而是要全方位观察和把握客户，为销售工作做好准备。

毋庸置疑，每个人都是世界上独一无二的生命个体，每个人的脾气秉性、心思爱好等都是截然不同的。销售员每天面对的客户也是完全不同的，或者即使是熟悉的客户，因为各种变化也会发生改变。因为销售工作的特殊性，销售员一定要学会适应各种各样的客户，找到最佳的方法与客户打交道。记住，唯有聊好客户，才能真正地把握客户需求、把握客户。

营销秘籍

聊好客户，才能真正地把握客户。很多销售员都知道与客户沟通的重要性，却不知道聊好客户也是至关重要的。和正式的交谈相比，聊客户则显得轻松随意得多。聊客户不必拘泥于固定的模式，也不必局限于与销售有关的话题。聊客户尽可以天南海北，目的只在于融洽与客户之间的关系，为销售工作做好充分准备和铺垫工作。

32. 耐心倾听，必须做好几件事情

面对一个滔滔不绝、口若悬河的人，你能坚持听多久？也许是一两个小时，也许是三四个小时，总而言之，你会有厌倦的时候。那么作为销售员，如果不幸遇到这样一个能侃大山的客户呢？你在厌倦的时候，是选择继续坚持听下去，还是选择放弃？面对客户表现出恹恹欲睡的表情，最终惹恼了客户，自己的工作也无法进展下去。毫无疑问，聪明的销售员绝不会选择后者，因为他们知道客户是上帝，是他们保住饭碗的筹码，也是他们开拓事业的助手。所以对于客户，与其厌倦或者嫌弃，不如耐心地倾听，通过倾听了解客户，也通过倾听与客户建立感情的纽带。如此一来，销售工作才能顺利展开，才能继续进行。

中国汉字博大精深，很多话未必是听到的意思，而是醉翁之意不在酒，意在言外，那么作为销售员就要更加用心，以积极的态度认真听懂客户想要表达的意思，也明确话里话外的含义，这样才能让客户感受到你的用心，也为圆满解决问题而奠定坚实的基础，达成有效的合作。

如今，很多销售员都意识到认真倾听的重要性，也的确在销售工作中真正展开倾听。然而，要想做到耐心倾听，必须实现以下几点，才能让倾听起到预期的效果，也才能让倾听变得高效。具体来说，倾听首先要认真，也要怀着负责任的态度，否则如果把话都听错了，必然导致结果事与愿违。其次，在与客户的谈话开始前，就要营造安静的交谈氛围，从而避免在交谈中受到干扰，也可以让倾听更加专心致志。如果身边有人正在发出噪音，或者思维不能集中，显然不是倾听的好时机，这就要求销售员在与客户展开交谈前，要选择合适的场地，也要营造良好的交谈氛围。最后，在倾听过程中，一定要保持主动的姿态，而不要怀着厌倦的态度。倾听者采取主动的态度，与被动地倾听是截然不同的，也会起到不同的效果。总而言之，唯有耐心倾听客户，销售员才能与客户达成默契，才能给予客户最佳的消费感受和体验。

作为一家商场的负责人，小鹿几乎每天都要为各种各样的客户处理问题。有段时间，小鹿简直觉得心力交瘁，因为面对那些难缠的客户，她总是觉得自己无计可施。这样的情况持续了没多久，小鹿就对工作产生了厌倦，甚至想辞职，再换一份新的工作。小鹿也很纳闷：我到底是怎么了，为什么连安抚客户的情绪都做不到呢？

有一次，一个客户因为买了西服回去，采取了错误的洗涤方式，导致西服变得皱皱巴巴，彻底毁了。客户不知道原因，因而就把西服拿到商场来，想退给营业员。营业员听说客户用水洗西服，当即对客户冷嘲热讽：“您要是不会穿西服，最好不要说我们的西服质量不好，您看看，这是高档西服，谁家把西服放到洗衣机里洗呢？”客户遭到讽刺非常生气，当即大发脾气。小鹿赶到现场时，客户几乎要被营业员气疯了，一个劲儿地拨打电话投诉。小鹿很清楚，哪怕是客户采取了错误的方式清洗西服，如果客户不断地向上级部门举报，没有任何一家商场能经得起在放大镜下被检查。然而，小鹿很疲惫，她没有多余的精力去给客户讲大道理，因而只是平静地说："麻烦您把事情的始末讲给我听一下，好吗？"看到小鹿认真地听他讲述，客户也一字一句地讲起来，他的语言从最初的夹枪带棒，到后来渐渐恢复平静，甚至最终还自我反省：也怪我放在洗衣机里洗了。听到客户这样的话，小鹿很惊讶，因为她还什么都没有说呢，只是因为疲惫而专心倾听而已。看到客户的怒火渐渐消除，小鹿建议客户："您好，先生，虽然您采取了错误的洗涤方式，但是营业员没有提醒您西服需要干洗，也是一种过失。您看这样行不行，我去向商场给您申请再以五折的价格购买一套西服，至于这套西服，我们有专业的服装师傅。您可以把西服留在这里，让我们的师傅尽量为您处理，也还是可以穿的。"听到小鹿的解决方案，客户当即答应了。

和营业员相比，小鹿做了什么呢？她没有对客户冷嘲热讽，更没有嘲笑客户是土老帽不会干洗西服，而是因为疲惫不想说话，安安静静倾听完客户的讲述。正因为如此，小鹿才给客户留下了好印象，也让客户在讲述过程中消除了自身的怒气，变得更加安静和理智。曾经有心理学家经过研究证实，极端的怒气只会在人的心头停留十几秒的时间，只要能在这十几秒里控制自己，因为愤怒而发生的极端事件就会减少很多。作为销售员，面对客户的愤怒，最好的办法就是倾听，倾听不但是尊重客户的表现，也能有效消除客户的愤怒，让客户渐渐恢复理智。

当然，即使客户心平气和，倾听客户也会起到积极有效的作用。面对一个认真倾听自己的销售员，所谓伸手不打笑脸人，客户又如何会与销售员较真呢？人与人之间，尊重是交往和相处的基础，销售员一定要先尊重客户，才能赢得客户的尊重。

耐心倾听除了能表达对客户的尊重之外，更重要的是能从客户的谈话中搜集很多有效的信息，为后续的销售工作做铺垫，做准备。作为销售员，一定要承担起聆听者的角色，才能有效地改善与客户的销售关系，也才能重视客户在交谈中表现出来的任何微小细节，把销售工作推向完美。

营销秘籍

销售员只有耐心倾听客户，才能服务好客户。所谓交谈，当然是至少两方参与的。在与客户的交谈中，销售员的地位和作用显然很特殊，既要充当倾听者的角色，倾听客户的需求，了解客户的情况，也要适当地发表言论，对客户起到引导作用。

33. 闻声识人，还要了解客户的身体语言

毋庸置疑，语言交流是人与人之间沟通的最主要方式，在销售员和客户之间，也要通过语言交流来架设起沟通的桥梁。然而，有心理学家经过研究发现，文字的表达作用在语言交流中只起到辅助作用，销售员要想与客户良好沟通，还要关注客户的身体语言。如果说语言交流是可以预先谋划和设计的，那么身体语言则相对随意，也更容易受到潜意识的驱使。很多销售员总是抱怨自己不能深入了解客户，又抱怨客户不能对他们敞开心扉尽情诉说，其实与其花费宝贵的时间用来抱怨，还不如把时间节省下来，与客户放松地交流，才能更加用心观察客户的言行举止和体态语言，深入了解客户的内心。

从某种意义上来说，语言是可以伪装的，针对一场交流，如果能早做准备，就很容易有针对性地整合与组织语言。然而，在随机的交谈中，参与交谈的人都无法提前做准备，也会因为精神紧张等原因在潜意识的驱使下做出肢体动作。只要销售员能把握好客户的肢体动作，认真观察肢体动作，那么就能洞察客户的内心，把握客户深层次的购买心理，也把销售工作做得恰到好处，让客户感到满意。

如果一味地依靠语言来与客户进行交流，则沟通的力度会显得欠缺。尤

其是每个客户都有自己的脾气秉性，有的客户性格外向，非常健谈，因而能够侃侃而谈，这样销售员很轻松就能了解客户。但是有的客户则非常内向，不管遇到什么事情都愿意在心里琢磨，甚至不愿意把自己的真心话告诉销售员，在这种情况下，销售员与客户之间就像隔着厚重的屏障，很难穿透，自然沟通效果很差。其实没关系，当交谈陷入窘境的时候，如果销售员能够在交谈中起到引导作用，也激发出客户的谈兴，那么就可以通过倾听客户的表达、观察客户的肢体语言，对客户有更深入的了解。总而言之，人的真心是很难掩饰的，在言行举止等各个方面，总会有蛛丝马迹的表现。只要销售员有心，也用心，想方设法解决问题，总能够努力到达客户的心灵深处，也能够最大深度地挖掘客户的需求。

作为厂子里的推销员，老马这次出差肩负着艰巨的任务，那就是在谈判中尽量维护场子的利益，争取让客户让步，达成协议。当然，每次与客户洽谈时，这都是老马的基本任务，但是这次不同，这次老马面对的也是对方厂子里的一个推销高手、谈判专家，因而老马很清楚自己遇到了一块硬骨头。

谈判开始之初，交谈氛围和谐融洽，老马看到对方一派老实本分的样子，渐渐地放松了警惕，却不知道对方是后发力气，扭转局势。在谈判进行到下半场时，对方突然抛出问题，直截了当地问老马是否可以以他们想要的利润点成交。老马刚刚吃了悠闲惬意的午饭，也与对方谈判代表相谈甚欢，丝毫没想到对方会这样毫无征兆地抛出问题。为此，老马有些措手不及，一时之间也没有给予客户答复，只说自己要请示上级。与上午的谈判轻松惬意甚至还带着些友好的感觉不同，下午的谈判明显剑拔弩张，充满火药味。当谈判进行到白热化阶段，老马决定死扛的时候，突然，对方负责主谈判的老手借着接电话的机会出门了，回来的时候并没有和此前一样坐在老马对面，而是选择了一个靠近门口的位置坐着，而且上半身还略微向着门口的方向倾斜。老马拿不准这是对方的谈判策略，还是对方无意识的表现，但是既然谈判进展到这个程度，老马当然是不希望谈判半途而废。为此，老马只好把对方的举动当成是想要结束谈判的信号，赶紧做出让步，与对方签订了协议。

如果对方是有意识地使用身体语言来暗示老马他的心态，那么对方无疑是谈判高手，与老马旗鼓相当。老马从对方的身体语言中读出了强烈的信号，意识到对方一定是因为不想继续谈判，才会下意识地调整座位，而且上身倾向于门口的方向。老马千里迢迢出差，可不想弄个无功而返，毕竟这是对方的主场，老马只能见好就收，速战速决。

从本质上而言，销售员与客户之间的关系也属于人际关系的一种，只不过因为有合作的事情在，所以相对微妙，也更有目的性。既然是人际关系，就要遵守人际相处的守则，也要符合人际交往的规律。作为销售员，除了要像对待朋友一样真诚友善地对待客户，更要时刻保持对客户的认真细致观察，这样才能从客户有意或者无心的举动中洞察客户的内心，把握客户的心理状态，也随机应变做出改变。

从心理学的角度而言，除非有意地提前计划和设计，否则肢体语言是很难伪装的。因此，销售员如果能够透过客户的肢体语言了解客户的内心，作为语言交流的辅助，那么一定会起到良好的交流效果，也会积累更多关于客户的有效信息，从而使接下来的销售顺理成章，水到渠成。任何伟大的推销员，都是深谙心理学知识的，实际上他们并非天生就会读心术，而是通过全方位观察客户，才能贴近客户内心的真实状态，让自己的销售工作顺利进展下去。

营销秘籍

无意识的身体语言，会出卖客户的真实内心。在有准备的情况下，客户很容易提前组织好语言，与销售员进行沟通。相比起语言表达，身体语言往往是在潜意识支配下做出的，所以更容易暴露客户的真实心理。销售员，要想了解客户深层次心理，除了要倾听客户的语言，更要用心观察和捕捉客户的身体语言。

第七章

用心优待客户，打消客户的所有疑虑

作为“上帝”，每个客户都想得到销售员的优待，毕竟是花钱去消费的，又生活在这个讲究服务品质的年代里，客户的这种心理状态也是完全可以理解的。那么，从销售员的角度而言，如何才能以优质的服务征服客户，并且得到客户的认可与托付呢？唯有做到这一点，销售工作才有可能继续下去，因为没有任何客户愿意把钱花在让自己忐忑不安的地方，更不愿意把重大的购买决定托付给一个自己不喜欢也不信任的人。因而，销售员要用心优待客户，才能消除客户的所有疑虑，也把销售工作大力推进下去。

34. 珍视且善待客户的抱怨

通常情况下，从事销售行业的人都有一项特殊的技能，那就是巧舌如簧，眼神翻飞，堪比顶级的演讲大师，也堪比优秀的演员。正是因为具有如此惊人的神功，销售人员才能激发自己的所有潜能，也让自己从一个普通平庸的人变成专业人士，还能在与客户打太极的过程中不断地增强自身的功力。

看到这里，相信很多人都对销售员形成了良好的印象，觉得销售员一定是神人，才能坚持从事销售行业，而绝不放弃。其实，只有顽强的毅力还是不够的，有很多销售员在最初入行时都觉得自己绝无可能坚持下去，而最终之所以能把销售作为自己毕生的事业，则是因为他们真正领会了销售的魅力。与其他行业相比，销售行业无疑是极富魅力的行业，甚至于一个刚刚大学毕业的应届生在从事销售行业一两年之后，整个人看起来都会成熟很多。这是因为销售行业会让人快速成长，让人在一年的时间里就得到从事其他行业三年的经验和历练。这到底是为什么呢？

因为销售行业是一个锻炼人的行业，也因为销售行业的每个人都要面对形形色色、千奇百怪的客户。众所周知，面对人的工作是难度最大，也最复杂的工作。试想，如果一个销售员几乎能搞定所有客户，那么他还有什么可畏惧的呢？相比起整日坐在办公室里处理文档的人，销售员一年里见到的人相当于他们三年甚至六年见到的人那么多。如此想来，销售员在一年的时间里就突飞猛进也不足为奇了。

陈鱼现任客户价值中心总监，她是在2010年公司成立之时就加入的。她毕业之后从山西来到了西安，通过公司的一次人才招聘会加入并跟随公司成长，她自己也从一名基层的业务员做到今天总监的位置，她掌握着公司从成立以来所有的客户资源，之所以能做到这个位置上，重要的原因有以下三个：

首先，她有立场，有公司立场，对公司忠诚。

其次，她能以客户满意为标准来服务客户。

最后，她具备超级服务营销能力，能让买单的客户做到持续的升级和再次消费以及转介绍客户。她接触和服务的客户数不胜数，都对她的服务很满意，很多客户都和她成了朋友。其中有一个客户总共消费的产品有股权项目、团队项目、合伙人项目、商业模式培训、财税项目等88万余元。在后续咨询服务的过程中，因为某些原因，这个客户提出了退款要求，陈鱼最终静静地倾听着客户的倾诉，并最终为客户解决了问题。这个客户真心为陈鱼的行为所打动，甚至在2018年的4月4日又再次购买了她推荐的30万元的商业模式学习，其后在2018年的4月25日又购买了她推荐的价值19.8万元的财税学习课程。

不管是销售新人，还是销售老手，最重要的就是搞定客户，而搞定客户的关键在于消除客户的抱怨。客户是很容易抱怨的，因为在把大笔的钱财花出去之前，他们对于产品总是有着过高的预期和过于美好的想象。正是因为如此，当真实可触的产品摆在眼前，他们才会觉得很失落，也因为遗憾而怨声载道。由此可见，作为销售员，除了要接受客户的拒绝和刁难，还要承受客户的抱怨，懂得如何才能消除客户的抱怨，并且真正解决客户面对的难题。这样的销售员才是真正的全能手，也才能在工作过程中如鱼得水，事半功倍。

珍妮是一家化妆品公司的销售员，一直以来都以巧舌如簧见长，很多同事都说珍妮有把死人说活的本事。对于自己的三寸不烂之舌，珍妮也很骄傲，总觉得自己是整个公司里最能干的销售员。

有一天，有位客户来到门店购买一款护肤品，正好是珍妮接待的。珍妮告诉客户那款护肤品断货了，因而向客户推荐了另一款新产品。客户很迟疑，觉得这并不是自己想要的产品，然而珍妮叽里咕噜说个不停，把产品说得比花儿还好，为此客户有些心动。在珍妮的再三推荐下，客户购买了新款护肤品。然而，客户回家之后才发现，自己想要补水的护肤品，但是这款护肤品却是增白的，不利于自己的油性皮肤。次日一大早，客户就赶到柜台要求退货，珍妮的态度却与前一天截然不同，根本不理会客户的诉求。客户生气极了，一气之下把珍妮投诉到经理那里，结果珍妮被扣掉了一个月的奖金，而且还被勒令配合客户退货。

假如珍妮能够改变思路，知道客户抱怨的根本所在，给予客户良好的解决方案，那么客户也许就不会这么生气。卖出去的商品，在没有使用的情况下，能不能退货呢？对此，每家商场都有自己的规定，无法统一，但是珍妮推荐给客户的商品不能满足客户的需求,也不能替代客户此前想购买的商品,这一点珍妮是有责任的。销售员拥有高超的口才固然是好事情，但是如果一味地发挥好口才，而置客户的需求于不顾，哪怕最终能够说服客户成交，也会因为客户反省过来之后的不满意而陷入矛盾和纠纷之中。

作为销售员，一定不要做搬起石头砸自己脚的事情，更不要挖了个坑给自己往里跳。销售员应该有长远的眼光，真正为客户着想，而不要为了眼前的利益就欺骗客户，或者诱导客户做出错误的选择。也许为客户着想会导致失去眼前的蝇头小利，但是得到客户的认可之后，与客户建立长远的合作关系，才能拥有更长远的利益。否则，总是被客户抱怨，哪里还有信心做好销售工作呢。

作为销售人员，还要拥有宽容的心态和气度，不要因为客户的抱怨就马上暴跳如雷，歇斯底里。对于一个充满抱怨、情绪激动的客户，最好的办法不是与客户争执，或者改正客户的错误观念，而是要认真倾听，避免争辩，从而让客户在倾诉中消除负面情绪，渐渐恢复平静。等到客户发泄完不满之后，销售员再与客户沟通，效果会好很多。此外，抱怨是会发酵的，作为销售员，在发现客户怨声载道之后，一定要第一时间就处理客户的抱怨，而不要任由客户的负面情绪继续堆积，引发恶劣的后果。在处理过程中，还要及时与客户进行沟通，这样才能让客户了解处理的进展，也挽回销售员在客户心中的形象。如果是产品质量问题，那么良好的售后服务还能让客户对产品的劣质宽容一些，不至于彻底不再选购产品。等到问题完全处理完之后，销售员还要及时询问客户对于处理结果的意见，有则改之，无则加勉，这样也表现出公司对于客户不满的态度是很端正的，销售员对于客户抱怨的处理也是非常积极和圆满的，更容易给客户留下好印象。

营销秘籍

当客户抱怨不休，销售员一定要积极面对和处理。面对客户的抱怨，很多销售员都会觉得头疼，也发自内心地排斥和抗拒。殊不知，和沉默不语的客户相比，爱抱怨的客户往往是更容易相处的，因为他们在抱怨的过程中就已经把内心的困惑和不满说出来了，从而让销售员得以了解，也有机会解决客户的难题。

35. 每个客户都想成为上帝

花了钱，谁不想成为上帝呢？在这个世界上，谦卑的人处处都有，谦卑的客户却像钻石一样罕见。这是因为每个客户都想得到优待，都想在花钱的时候享受上帝的感觉，也都想让销售员更好地为自己服务。从这个角度来看，销售员一定要首先调整好心态，才能弄清楚客户对于自己的意义所在。所谓客户，通俗地说，就是销售员的衣食父母，因为销售员唯有服务好客户，争取客户在自己手中成交，才能有更多的薪水可以领取。因而，作为销售员，千万不要势利眼。所谓势利眼，就是看到有权有势有钱的人，就卑躬屈膝、阿谀奉承，而看到一个衣着朴素的人，就判定客户没有钱，因而对客户低看一眼。

在销售行业，很多缺乏经验的销售人员都因为没有及时给予客户优待，导致错失客户。实际上，现代社会中，生活水平极大提高，而且有些有权有势的人也很低调，而有些看似平民布衣的人也许是隐藏的富豪，所以销售人员真的没有必要仅凭客户的穿着打扮就给客户划分等级。当然，要求销售员对客户一视同仁的目的不是因为担心销售员错过有实力的客户，而是要求销售员必须端正态度，意识到人与人都是平等的，所以真正发自内心地尊重客户，更不要在行为上对不同的客户区别对待。

让每一个客户都觉得自己受到了优待，也因此而认可销售员的服务，这才是一名优秀销售员应该做到的。否则，明明可以把接待客户的问题简单化，却非要搞得很复杂，对于销售员而言也是很痛苦的负担。平等对待每一位客户，真心服务每一位客户，不但让客户舒服，也让自己轻松，何乐而不为呢？

眼看着要过年了，晓雪忙碌了一整年，收获丰满，因而准备去4S店买一辆车子开回家。晓雪把车子定位在15万元左右，这在她的承受范围内，也符合她的消费水平。然而，当晓雪来到4S店后，却遭到了冷遇。销售员对晓雪爱答不理的，尤其是看到晓雪手上的冻疮，更是意识到晓雪每天在户外工作，根本不是高薪资的白领。

晓雪看到销售员对自己的态度，心中愤愤不平，当即就想离开，却心有不甘，因而问销售员："小伙子，你想做生意吗？"销售员不屑一顾地看看晓雪，点点头说："当然。谁上班不想挣钱啊，白费时间不是欺骗自己吗？"晓雪又问："那么，你在这里卖汽车，每个月能挣到多少钱呢？"小伙子骄傲地说："我每个月可以挣到七八千块钱，生意好的时候，都能达到一万呢！"晓雪说："其实，如果你能吃苦，可以给我打工。我保证你每个月一万的收入。"销售员看着其貌不扬的晓雪，惊讶地反问："就你？"晓雪骄傲地点点头："对啊，我每个月收入三万，给你一万，你帮我看着摊。除了冬天冷点，收入还是很不错的。"销售员的好奇心被激起来了，他问晓雪："大姐，你到底是干什么的，真能挣这么多？"晓雪感受到扬眉吐气的快意，骄傲地说："我的工作听起来没有你们白领好听，但是实惠啊，我是卖鸡蛋煎饼的。我自己看一个摊位，还有两个摊位都是雇用了别人，每个月一万的薪水。"销售员瞠目结舌。

借着这个机会，晓雪说：“你不是有我电话吗？想好了打电话给我。我突然觉得你们的车档次太低，销售员的水平也就勉强给我烙煎饼，我觉得还是去别家看看，一步到位买个大别克吧！”就这样，晓雪扬长而去，销售员感到非常懊悔。

正是因为狗眼看人低，销售员失去了一个马上就能成交的客户，而且还受到了刺激，原本还为自己的薪水骄傲呢，如今却开始羡慕一个卖煎饼的了。别说是卖煎饼的了，就算是收垃圾捡破烂的，如果能用心地把本行做好，也照样可以出人头地。所以看人绝对不能只看表面，就算真的知道客户的实力没有那么强，也不要对客户区别对待。唯有摆正心态，平等地对待每一个客户，销售员才能以优质服务在客户之中树立口碑，也才能在销售中取得不俗的成就。

把每个客户都当成上帝，给予每一个客户以优待，这是一名优秀的销售员应该做到的。当然，对于重点的客户，销售员难免会投入更多的时间和精力，为了成交做准备，这也无可厚非，也与对待客户的态度无关。对于销售员而言，最重要的是端正对待客户的态度，这样才能用心服务客户，也才能以细节成就服务。

当然，很多情况下，面对各种各样的客户，销售员也未免会觉得疲惫和麻木。实际上，任何一份工作做久了，都会让人心生倦怠，那么销售员就要更多地设身处地为客户着想，加强与客户的换位思考，这样才能更理解客户，了解客户的需求，也才能真正得到客户的认可。试想一下，现代社会产品丰富多样，各个行业都处于竞争饱和的状态，为何客户要在众多的选择中决定与你合作呢？这是每一个销售员都必须用心思考的。举例而言，在家电行业，海尔的服务是最好的，也因为优质服务而建立了良好口碑，所以才能成为家电行业的龙头老大，也成功地打下了家电市场的江山。

营销秘籍

真正用心地为客户提供优质服务，是销售员的生存之本。尽管每个销售员都知道客户就是上帝的道理，但是依然有相当一部分销售员无法真正把客户当成上帝对待。殊不知，客户如今花钱消费，不但是为了购买产品，也是为了购买服务。销售员一定要有服务意识，才能真正对客户展开优质服务，赢取客户的认可与信任。

36. 被误解为骗子也要真诚

对于销售员而言，最尴尬的情况莫过于被客户误认为是骗子，甚至遭到客户的质疑和辱骂。很多销售员一旦遇到这样的情况就会沮丧绝望，也会因为没有信心，而彻底放弃销售行业。那么，为何客户会对销售员如此抵触和反感呢？一则是因为社会的大环境，二则是因为大多数客户都觉得销售员必然不吝啬赞美之词而大力夸赞自己的产品，三则有的客户真的被销售员欺骗过，买了假冒劣质产品，他们当然会心有余悸了。造成这种局面的原因是什么呢？既是社会现状，也是销售行业的从业人员素质良莠不齐，在各种因素综合作用下，才会导致销售员面对如此尴尬的情况。

当被客户说成是骗子，一味地为自己辩解并不是好事，最重要的是用事实告诉客户自己的清白和无辜，赢得客户的信任。例如，当一个推销化妆品的销售员被说成是骗子，那么可以先把化妆品留给客户使用，这样一个举动就让客户无话可说，也无法继续质疑销售员是骗子。因为骗子都是往里收钱的，哪里有往外出钱的呢？再如，假如一名房地产经纪人被说成是骗子，那么就要问问客户付出钱之后是否得到了房子，最关键的在于房产买卖中收钱的根本不是经纪人，而是房主。当以事实为自己证明清白，客户在铁证面前当然无法继续质疑销售员，也就会主动闭上嘴巴，不再肆意诋毁销售员了。

尤其是对于那些曾经上过当、受过骗的客户，销售员的首要任务不是证明自己，而是消除客户心中的隔阂与警惕。常言道，一朝被蛇咬，十年怕井绳。客户一旦被骗，就会始终心怀戒备，甚至对于和欺骗自己的人毫无关系的其他销售员，也会缺乏好感。可以说，怀疑是横亘在人心之间的一道天堑，面对这样的客户，销售员一定不要过分为自己辩解，而是以实际行动温暖客户的心，也让客户愿意敞开心扉，找回真诚与信任。作为销售员，面对客户质疑自己是骗子，千万不要惊慌，更不要愤怒，因为惊慌和愤怒都于事无补，反而会被误认为是恼羞成怒。唯有保持淡然和平静，唯有以真诚和善良作为敲门砖时，销售员才能渐渐捂热客户的心，也得到客户的信任和托付。

需要注意的是，尽管让客户试用产品就能打消客户对产品质量的疑虑，但是当客户对服务和售后感到困惑时，最好的办法就是给予客户一定的保障，以售后的实际事例消除客户的疑虑。在这种情况下，如果销售员供职的是大品牌的企业，那么赢得客户信任就会轻松得多。品牌是企业无形的资产和价值，品牌的力量能够帮助销售员更容易赢得客户的信任，从这个角度而言，销售员在就业时，也应该具有品牌意识，既要保证自己的发展空间，也要保证工作能够顺利开展下去。最优秀的销售员会把自己做成品牌，让客户先认可自己，再选择公司。这样一来，销售工作自然会进展顺利，水到渠成。

时代发展到今天，整个社会都变得越来越浮躁，因而各种涉及欺骗的事件时有发生，信任缺失也已经成为现代社会最大的危机。面对这样的大环境，对于客户的质疑，销售员一定要怀着平静的心态，也要用心理解和体谅客户。作为销售员，要经常问自己一个问题：如果我是客户呢？其实，销售员很容易了解客户心理，因为销售员的职业尽管是推销，但是自己在生活中也一定会扮演购买者的角色。如果联想起自己购买大宗产品时的忐忑不安，很容易就能理解客户的感受，也不会对客户的犹豫不决感到厌烦。

需要注意的是，很多销售员的功利心很重，他们在成交之前往往对客户服务到位，非常热情，而一旦真正成交了，又会因为钱已经装入口袋，而马上换一副面孔对待客户。其实，很多生意都不是一锤子买卖，都是需要用心去维护才能长久的。以不动产为例，虽然房产价值很高，而且置换概率也很低，但是只要房地产经纪人用心服务客户，很多客户在获得良好的消费体验后，总是会主动把自己身边的人，例如亲戚、朋友、同事等，都介绍给这个经纪人成交。既然连置换不频繁的不动产都有再次合作的机会，对于销售普通商品的人而言，又为何不能把售后服务做好呢？当然，做好售后服务，前后一致地对待客户，这是销售员本来就该做的，与客户是否会转介绍新客户给销售员之间没有功利性的关系，但是如果在服务好客户的同时，也能为自己赚取好口碑，树立自己的品牌，从而吸引更多的客户，岂不是一举数得的好事情？

记住，当客户始终担心自己被欺骗，他们就无法敞开心扉对待销售员。因而销售员一定要以专业服务赢得客户的尊重和信任，也以诚信做人的品质，赢得客户的托付。唯有让客户相信产品的品质，也信任销售产品的销售员，交易才能顺利达成。

营销秘籍

赢得客户信任，是展开销售工作的前提。不得不承认，社会上骗子越来越多，所以当客户怀有警惕心理，甚至把销售员也误认为是骗子时，完全是情有可原的。销售员要做的不是为自己辩解，而是以实际行动向客户证明自己，所谓事实大于雄辩，在此刻得到了最好的印证。

37. 尊重客户，维护好客户的尊严

有史以来，中国人就非常爱面子，甚至有很多人把面子看得比一切都更重要。面子工程，对于很多人而言也是最浩大的工程，他们为了面子付出很多辛苦和努力，为了保持人际交往的顺利推进，还要时刻注意维护他人的面子。作为销售人员，仅仅尊重客户还是不够的，还要努力维护客户的尊严，给足客户面子。有些销售人员对此不以为然，总觉得只要服务好客户，就能搞定客户，实际上这种想法是完全错误的。在以专业服务客户，在以诚信经营客户的同时，维护客户的面子，让客户继续保持骄傲，这也是圆满销售过程必不可少的。

记住，每个人的尊严都是很脆弱的，而销售员既然把客户当成上帝对待，那么就要意识到客户的尊严有可能更加脆弱。实际上，销售员的工作目的就是为了促成交易，从某种意义上而言，销售员的利益与客户的面子是挂钩的，否则当客户因为面子受到伤害，骄傲的心无处安放，不愿意最终达成交易，那么损失最大的还是销售员。因而不管是从服务客户的角度，还是为了维护自身的利益，销售员都要最大限度地尊重客户，保护客户骄傲的心，这样才能让销售工作圆满完成。

香港首富李嘉诚大名鼎鼎，人尽皆知，然而，他尽管富可敌国，却从未因为自己拥有大量的财富而骄傲，相反，他总是很谦虚，而且非常尊重他人。实际上，很多看似成功的经商者都和李嘉诚一样，尽管以营利为目的，但却要首先学会做人做事的学问，也要懂得如何与他人相处，建立友好的关系，才能让经商推进更顺利，也事半功倍。从这个角度而言，不管是做大生意的还是做小生意的，也不管是给人打工的还是自己当老板的，都一定要低调做人，高调做事，才能把生意经营得更好。

李嘉诚对合作伙伴的尊重表现在，他总是尽可能地让出利益，从而让对方获得更多的利益，以便谋求长远合作。如今，很多生意人都斤斤计较，竭尽所能为自己争取利益，尽量压低合作伙伴的利益。殊不知，这是鼠目寸光的表现，因为他们只看到了眼前的利益，而丝毫没有考虑到长远合作。这样做，也许短时间内的确赢得了客观的利益，但是长远来看，因为做人被唾弃，所以最终还是会失去合作，也导致原本细水长流的利益戛然而止。

李强的小本生意才刚刚起步，看起来就像孩子蹒跚学步一样，这一路走来，李强走得踉踉跄跄，非常艰难。然而，每一个曾经因为信任而与李强合作的生意伙伴，都对李强竖起了大拇指，尤其是李强的谦虚有礼、毕恭毕敬，更让他们找到了当上帝的感觉。

有一次，李强在朋友的介绍下接了个大活儿，原本他想找人合作完成这个项目，却因为利润比较低，导致无人愿意与他分担。无奈之下，李强只好让出原本属于自己的那份利润，从而以零利润找到合作伙伴，最终保质保量完成这个项目。后来，项目负责人对李强交上来的作业非常满意，在得知李强是无利润完成项目之后，项目负责人没过多久又给了李强一个项目，只不过这个项目利润很大，而且工期很长，李强无需找人合作，就可以轻轻松松地完成这个项目。看到利润点太高，李强主动提出："再下降一个利润点吧，我是想长远合作的，暂时没有大的营利没关系。"项目负责人很感动，当即表示只要是合适的项目，都会交给李强来做。从此之后，李强源源不断地接到项目，生意渐渐地好起来。

现代社会，还有几个生意人能够完全把项目做好，而且还会主动让出一部分利润呢？大多数生意人都做不到。真正能够做到的人，一定会有杰出的表现。很多人误以为尊重客户就是要对客户毕恭毕敬，其实对于客户的尊重渗透在销售过程中的方方面面和每一个小细节中。对于客户而言，感受到销售员的尊重，才愿意与这个销售员更深入地合作，否则谁不想当上帝呢。

总而言之，做生意就是与人打交道，销售员从事的是一个人的生意，仅仅自己一个人就能代表公司与客户打交道。在这种情况下，一定要学会照顾客户的心理，维护客户的尊严，才能处理好与客户的关系，也为自己争取到更多的订单，创造更大的效益。否则，如果销售员没有长远眼光，总是为了蝇头小利就与客户产生争执，丝毫不懂得退让，那么哪怕真的在争执中取胜，最终也会因为伤害了客户的尊严，导致失去与客户继续合作的机会。

每个生意人都知道，一锤子买卖是不可取的，作为销售员一定要维系好与客户之间的关系，真正做到尊重客户，为客户着想，才能让自己在与客户合作的过程中表现更加优秀和突出，也才能为自己拓宽销售的道路，走得更加长远。需要注意的是，面子从来不是要来的，因而客户不会主动要求销售员必须尊重他，给他面子。尊重客户应该是销售员发自内心的行为表现，实际上这也是人之常情，人人都希望得到他人的尊重，也希望拥有更高的尊严。因此在销售工作中，销售员一定要主动给客户面子，维护客户的自尊心，也要在客户需要的时候雪中送炭或者锦上添花。当然，在没有危机情况时，销售员还可以适度吹捧客户，帮助客户消除尴尬和难堪，从而让客户因为得到赞美而心花怒放。作为销售员，虽然销售的目的是为了达成交易，赚取利润，但要时刻牢记客户的尊严，也要时刻维护客户的尊严。从另一个角度而言，人与人之间的尊重也是相互的，销售员唯有尊重客户，才能得到客户的尊重。所以说，销售员尊重客户也是尊重自己，只有维护客户的尊严，自己才能有尊严。

营销秘籍

销售员尊重客户，就是尊重自己。一名优秀的销售员知道，不管什么时候，都要维护客户的尊严和面子，才能赢得客户的托付。否则，如果因为各种各样的问题，就把客户的尊严和面子置于不顾，那么有哪个客户愿意花钱买窝囊气呢？只需要换位思考，销售员就会理解客户的感受，也会知道客户的多样化需求。

38. 信任，从来不是从天而降的

众所周知，人与人之间相处的基础除了相互尊重之外，就是要相互信任。作为销售员，更是要得到客户的信任，才能得到客户的托付，也才能使得交易顺利达成。对于做好一份工作而言，处理好人际关系自然是必需的，也是至关重要的。人际关系不但包括与同事之间的关系，更包括与客户之间的关系。尤其是对于销售员而言，由于工作性质的特殊性，更要在与各种各样的客户打交道的过程中，时刻保持小心谨慎，也要更加关注方方面面的细节。否则，如果因为疏忽大意而导致犯错，大意失荆州，就会一着不慎满盘皆输，那么结果也就不尽如人意。由此可见，销售工作绝不是粗枝大叶的，而是要细致入微的，才能效率倍增。

当然，这个世界上从来没有无缘无故的信任，在人际交往中，一个人要想得到另一个人的信任，就一定要做好方方面面的工作。所谓路遥知马力，日久见人心，还要能够经得起时间的考验，才能让信任历久弥坚。作为销售员，要想得到客户的信任，不但要有专业的能力，超强的服务意识，更要最大限度地尊重客户，在销售过程中做好方方面面的细节工作，这样才能最终赢得客户的信任。否则，一味地强求客户信任自己，根本毫无效果，而且会招致客户的反感。

大学毕业后，小美不愿意离开上大学的城市，想要留下来。为此，她非常努力地找工作，却没有找到心仪的行政工作，眼看着父母给的钱所剩无几，小美只好退而求其次，加入一家化妆品公司，成为直营推销员。

可想而知，对于在这个城市里除了同学谁也不认识的小美而言，要想开展熟人成为客户简直太难了。为此，她只好每天拎着化妆品进行陌生拜访，回到公司之后，就在网络上发布销售信息。转眼之间两个月过去了，小美没有成功销售出去任何化妆品，只能依靠着一千元的底薪生活。有一天，小美意外地发现邮箱里有一封邮件，而且这封邮件是一位老人写来的。原来，这位老人要参加同学聚会，想购买礼品送给多年不见的老同学。但是，老人很担心化妆品的质量。小美当即回信给老人："阿姨，如果您担心，我可以先买下一份化妆品送给您用，如果您觉得好，还要继续购买，再把钱一起还给我，如果您觉得不好，我绝不和您要这份试用化妆品的钱。"收到小美的邮件，老人当即发来地址。很多同事都提醒小美不要被老人骗了，小美却一咬牙拿出仅剩的几百元钱购买了化妆品，邮寄给老人。一周之后，小美接到老人的电话，老人让小美为她发过去 20 套化妆品，而且还给小美的银行卡里打入了 21 套化妆品的钱。

就这样，小美顺利地卖出去有生以来第一批化妆品，而且还是 21 套化妆品。只有小美知道，自己在把化妆品邮寄出去的那段时间里，多么忐忑不安。

信任从来不是从天而降的，尤其是销售员和客户是因为产品而结缘，在此之前从未有过任何接触，这就使得销售员得到客户的信任难度更大。

在这种情况下，销售员当然不能盲目要求客户信任自己，换个角色，销售员也不会选择轻而易举就信任客户，这都是人之常情，无可指责。所以作为销售员要对客户将心比心，才能理解和体谅客户不信任自己的行为，也能够更加积极主动做好销售工作，给予客户更好的服务，让客户拥有更好的体验。

很多服务，未必是销售员说出来或者真正承诺了，客户就会相信的。常言道，百闻不如一见，销售员与其费劲口舌和客户解释，不如真正以实际行动为自己代言，这样才能更加顺理成章赢得客户信任。这就是很多销售员业务能力很强，水准也很高，但是却无法顺利成交的原因。记住，销售员一定要赢得客户的信任，哪怕付出再大的代价，也不要白白地浪费客户的信任。

要想赢得客户的信任，首先要做到认真细致地了解客户，熟悉客户的脾气秉性，也应该了解客户的各种价值观念。总而言之，销售员对客户了解得越多，越能够有的放矢地针对客户，也能够在交往过程中真正赢得客户的认可与尊重，做到投其所好，把自己的话说到客户的心里去，让自己得到客户的赞赏。其次，对待客户一定要认真细致。很多销售员总是粗心大意，对于销售工作无法做到认真仔细。他们也许会兼顾重要的方方面面，但是对于细节方面，从来不会为客户过多考虑。实际上，销售员作为专业人士，如果能做到认真细致为客户考虑，那么就能比客户想得更周到，也做得更好。如此一来，销售员当然可以最大限度赢得客户信任，也能够改掉粗心马虎的坏习惯，从而坚持提升和完善自己，让自己变得成熟稳重，值得信任和托付。记住，细节决定成败，唯有把握好细节，才能让成功不期而至。

营销秘籍

赢得客户信任，是销售工作成功的第一步。一个人要求另一个人信任自己，听起来合情合理，细想起来却没有站得住脚的理由。尤其是销售员要求客户信任自己，更是需要建立在事实的基础之上。销售员必须记住，客户不能因为销售员是销售员，就信任销售员。作为销售员，一定要以点点滴滴的行动赢得客户的信任，才能循序渐进，建立与客户之间相互信任的关系。

39. 记住，客户永远比你更聪明

古人云，大智若愚，这句话用来形容人虽然看似愚钝，实际上内心是有大智慧的。这里之所以用智慧，是因为智慧与聪明不同，智慧可以不显露出来，比聪明更有深度。所以作为销售员，聪明固然是要有的，却不要轻易表现出来，只有做到大智若愚，才能给客户机会表现聪明，也处理好与客户的关系，让销售水到渠成。

偏偏在实际销售过程中，很多销售员都自作聪明，都以专业人士或者行家的身份自居，对客户指点江山，导致客户心里别扭，最终销售落空。不得不说，这样的销售员也许有着高超的专业能力，也许真的是销售领域的行家，但是却不懂得客户心理学，更不知道如何得到客户的认可。记住，作为销售员当然可以选择在销售过程中出尽风头，春风得意，但是最终的结果很可能是导致销售工作落空，可以把光彩让给客户，让客户心中舒坦妥帖，从而促使销售工作进展顺利。毫无疑问，明智的销售员不会为了出风头就得罪客户，更不会为了让自己光彩无限而失去交易的机会。归根结底，销售员必须牢记初心和销售的使命，记得自己的最初目的是为了实现交易，而不是盲目取舍。

在美国的一个偏僻乡村里，沉默寡言的杰米向来被人们断言为默默无闻的笨蛋，尤其是亨瑞，更是四处宣扬杰米是笨蛋。为了向人们证实杰米的确是笨蛋，亨瑞还特意准备了两枚硬币，一枚是一角的，一枚是一分的。当着所有人的面，亨瑞对杰米说："你想要哪一个，就拿哪一个。"结果，杰米毫不迟疑选择了一分的硬币，这使得围观的人全都笑得前仰后合，纷纷说杰米一定是脑袋被驴子踢了，才会做出这样的选择。很快，几乎全村的人都坚定不移地相信杰米真是个笨蛋。后来，无聊的人们对于这个试验乐此不疲，杰米果然每次都选择一分的硬币。

看到杰米总是被众人嘲笑，有个老奶奶愤愤不平，忍不住私下里告诉杰米："杰米，你应该选择一角的硬币，这样你就不会被嘲笑了。"杰米感激地看着老奶奶，说："谢谢你，老奶奶，如果我选择了一角的硬币，以后就无法再得到硬币了。"说完，杰米还打开自己随身带着的布囊给老奶奶看，原来这个布囊里装满了一分的硬币。老奶奶恍然大悟，原来杰米不是真的不够聪明，而是大智若愚啊！

在这个事例中，自以为聪明的人们都没有参透杰米的小算盘，反而被杰米"蒙骗"了。杰米很清楚，他只有娱乐人们，才能得到更多的硬币，而如果他选择了一角的硬币，那么此后再也没有机会选择一分的硬币了。正因为这样的智慧，杰米才能继续得到更多的一分硬币，在获取报酬的同时，他销售给村里人的是更多的快乐。

在销售过程中，销售员一定要学会隐藏锋芒，大智若愚，才能让自己的聪明更长远。现代职场上，很多年轻人都因为锋芒毕露，导致遭到同事的仇恨或者是嫉妒，反而使得销售工作无法顺利展开和推进。与其为了炫耀而给自己招来祸患，不如藏巧露拙，也许会得到客户的善待。记住，一个人哪怕再有才华，也不要在社会上锋芒毕露，因为一个人如果总是沾沾自喜，觉得自己是世界上最聪明的，那么非但不招人喜欢，还会遭人谩骂。唯有适时地隐藏自身的实力，才有机会得到更大的舞台施展才华。

很多销售员因为与客户产生分歧，总是与客户争执不休，实际上这样的做法是非常愚蠢的。要知道，对于现实生活中的很多选择或者是事情，根本就没有一定之规，不同的人也会因为出发点不同，而给出不同的评价。一个人不要随便去评价他人的是非，也不要因为他人的评价而轻易改变自己。任何时候，人们都愿意与谦虚的人打交道，而不愿意与眼高于顶、自以为是的人打交道。所以作为销售员，不要觉得自己在专业领域内比客户懂得更多，就觉得自己高人一等。记住，销售员是为客户服务的，而不是肆意指点客户的。哪怕销售员的观点是正确的，也不要表现出比客户更高一等的样子，与其教导客户怎么去做，不如建议客户怎么做更好，这样是更容易让客户接受的。

从本质上而言，沟通的目的是彼此交流想法，那么销售员在与客户沟通时，也要接纳客户的不同意见，从而与客户更好地合作。世界很大，非常广阔，天底下有很多人都是有才华的人。正所谓人外有人，天外有天，天下奇才无奇不有，作为销售员面对客户时一定不要自以为是、盲目骄傲。就算真的才华横溢，也要懂得隐藏自己的内心，不要锋芒毕露，否则，销售员就会因为骄傲自大而惹火烧身，使得自己原本进展顺利的销售工作陷入僵局，受到限制和禁锢。因而销售员一定要端正心态，最大限度地改变心态，全方位服务好客户，也让销售工作进展顺利，事半功倍。

营销秘籍

真正聪明的销售员从来不会表现得比客户更聪明。在特定的专业领域，销售员一定是比客户更专业的，例如对产品的认知等。然而，聪明的销售员并不会因此就觉得自己比客户更加专业，而是会更加尊重客户，以恰当的方式在合适的时机向客户提出合理建议。唯有讲究方式方法，销售员的专业建议才不会引起客户的反感，也才能为客户所接受。

第八章

沟通——在销售员与客户之间架起桥梁

说话是一门艺术，称之为“话术”，很多人无法掌握话术的精髓和要领，因而总是很啰唆，却无法把话说到点子上。而有些人则总是字字珠玑，一字千金，把每句话每个字都说在关键点上，从而发挥口才的魅力。很多人都觉得销售主要在于沟通，尽管这样的观点有失偏颇，但是实际上却说出了销售的秘诀，那就是一定要借助沟通在自己与客户之间架起桥梁。唯有如此，销售员才能更加了解和理解客户，才能发挥沟通的效果，让沟通事半功倍。

40. 当个好销售员，要会用话语攻心

每一个优秀的销售员，都必须掌握说话的艺术，才能意识到说话不在于多，而在于精，一定要把每句话都说到点子上，才能起到恰到好处的效果。否则，假如销售总是口若悬河，却无法保证每句话都起到恰到好处的效果，则一定会导致事与愿违，也会使得销售工作遭遇困境，甚至半途而废。

生活中，很多人一旦遇到推销保险的人都会觉得非常苦闷，因为大多数保险推销员因为从业素质比较低，所以总是对客户盯得太紧，也导致客户厌烦不已。难道真的只有不遗余力地卖弄嘴皮子，才能让销售立竿见影吗？当然不是。真正的销售不在于话多，而在于话精，唯有掌握说话的艺术，把好钢都用到刀刃上，才能起到最佳的效果，让销售事半功倍。古人云，山不在高，有仙则名，水不在深，有龙则灵。实际上，销售员不在话多，能够起到预期的效果，事半功倍才是最重要的。真正厉害的销售员，不是靠着嘴皮子，浪费唇舌就能起到作用，而是保证每句话都深入客户的内心，真正打动客户，能够与客户传递信心，沟通感情，销售自然水到渠成。

作为某个卷烟厂的销售员，李冰每天的工作就是在外四处奔波，向各个商家推销公司的香烟，从而取得长期稳定的合作关系。为了把香烟推向更高

端的市场，有一次，李冰来到一家高档的夜总会，想拜见夜总会的老总。然而，在服务员通报之后，李冰却被告知老板正忙着呢，根本没时间接待推销员。换作别人，也许当即就转身离开了，但是李冰却坚持守候在夜总会的门口，直到五个小时之后，才看到老板从办公室里走出来。

听了李冰的要求，老板张口就要一万元的进场费，在李冰刚刚表示为难时，老板就极其不耐烦地转身离开了。后来，李冰又去了夜总会好几次，都没有得以见到老板。有时候，老板明明就在办公室里，却找出各种各样的借口避见李冰。由于这家夜总会在当地是非常高端的，经常有商务人士出入，为此李冰尽管几次三番遭遇闭门羹，却从未放弃过。最终，在李冰坚持之下，老板终于答应面见李冰。为了给老板留下好印象，李冰早早地就去到夜总会等着，无意间听到服务员讨论当天是老板娘的生日，因而当机立断去买了一个精致的生日礼物。巧合的是，李冰来到老板办公室时，老板娘正巧也在，李冰恰到好处地奉上礼物，说："老板娘，生日快乐，祝您年年十八，越来越年轻，越来越漂亮！"李冰的话恰巧说到老板娘的心里，因为家里是做夜总会生意的，所以老板娘总是怕自己老了，老板会在外面拈花惹草。

可想而知，这个礼物对于老板娘完全是意外的惊喜，为此老板娘很高兴。等到李冰和老板谈论事情时，老板娘在一旁没少帮李冰说话，最终李冰只以 2000 元的进场费，就得以让香烟进入夜总会展卖。

常言道，生活中处处留心皆学问，实际上对于销售员而言，一味地陷入被动，不如处处留心，为自己争取更多的机会。假如不是无意间听到老板娘过生日，如果不是李冰灵机一动给老板娘准备了礼物，那么李冰与夜总会老板的谈判也许还会陷入僵局，至少不会像现在这么顺利。所以说，话不在多，而在于精，哪怕话说得再多，如果都不在点子上，那么也会起到恶劣的效果。反而，如果话说得准确到位，让听到的人心花怒放，那么哪怕只是寥寥数语，也会起到事半功倍的效果。

作为销售员，在与客户交流时，一定要认真琢磨，才能效果显著地拉近与客户之间的距离，也加深与客户的感情。很多销售员对于把话说得漂亮都存在一定的误解，总觉得把话说得漂亮，就是所谓的花言巧语、甜言蜜语。实际上，很多销售员在某个领域中都是专家，是客户的顾问，因而一定要给予客户专业的指导，才能得到客户的认可与信任，也最终得到客户的托付。

为了在客户心目中增强专业能力和素质，销售员还要注意，不要轻易承诺客户，更不要抱怨客户，而要认真细心地服务于客户，这样才能得到客户的尊重和信任。需要注意的是，销售员一旦对客户做出承诺，就要信守诺言，一诺千金，而不要因为遵守诺言的成本比较高或者难度非常大，就轻易地放弃承诺。面对任何问题，最重要的就在于正面面对问题，从而果断处理问题。否则，一味地逃避只会让问题变得越来越糟糕，也会导致事与愿违。

为了给沟通增加润滑剂，销售员与客户沟通时还应该把握好语言的力度，尽量使用通俗易懂的语言。很多销售员习惯于使用专业术语与客户沟通，客户听得云里雾里，根本就是丈二和尚摸不着头脑。当沟通陷入僵局时，销售员还应该随机应变，给予客户适度的赞美，从而为沟通起到润滑的作用。当沟通水到渠成，效率倍增，为客户推销产品也就顺理成章了。总而言之，销售员一定要记住，话不在于多，而在于精确，有力度。每个销售员都要明确意识到自己应该怎么说，客户才能听，这样才能把每句话都说到客户的心里，也让销售事半功倍。

营销秘籍

能以语言作为武器的销售员，才是真正强大的销售员。语言是人与人之间沟通的桥梁，因而高明的销售员既能通过语言了解客户，也能运用语言表达自己。尤其是当客户陷入犹豫不决、举棋不定的状态中时，销售员还能发挥语言的力量，促使客户下定决心购买产品。当然，对客户的激励一定要适时适度，否则物极必反。

41. 找到产品卖点，才能让提问恰到好处

一个销售员如果不知道自己的产品核心竞争力在哪里，而是在与客户沟通的过程中，总是情不自禁引导客户发现产品的弱点，那么可想而知，这样的销售一定是失败的。实际上，销售员如果想在销售过程中事半功倍，以提问的方式引导客户的思路，从而让销售工作顺利开展下去，最重要的就在于要了解产品的核心竞争力。唯有如此，销售员才能找到产品的卖点，才能让提问起到作用，也让销售过程不断向前推进。

要想找到产品的卖点，销售员一定要先了解一个问题，那就是销售员想知道的信息和客户想了解的信息一样吗？如果答案是肯定的，那么销售员当然可以最大限度了解客户的心思；而如果答案是否定的，那么销售员就要设身处地为客户着想，才能让提问恰到好处，也才能让问题的答案对自己有利。实际上，在同行业中，每家产品都会有各自的特点，就像做人不能妄自菲薄，销售员也要认识到自家产品的优势和劣势，才能客观分析产品的优劣势，也才能给予客户恰到好处的提问，引导客户向着有利于销售的方向奋进。

举例而言，假如产品的保质期很短，而销售员偏偏问客户是否介意保质期，则属于自曝其短。换一个角度而言，如果销售员知道客户最关注的是食

品安全问题，也知道客户宁愿接受保质期短，也希望吃到最新鲜的食材，那么缺点就能转化为优点，而且为销售员的销售工作加分。例如，保质期短的食品往往是因为没有放入防腐剂和保鲜剂，这样的食材尽管存放是个技术问题，但是却能为客户提供优质新鲜的食物，这不是如今的大多数客户都迫切需要的吗？销售员完全无需因为产品的保质期短，就觉得很自卑，甚至觉得产品无法推广出去。实际上只要强调产品的优质与新鲜，产品就能够让客户怦然心动，也能给予客户最好的销售体验。这就叫扬长避短，取长补短，唯有做到这一点，销售员才能成功消除客户心中的疑虑，也让客户对销售工作有更好的了解。当然，这样做的前提是一定要了解产品的核心竞争力和卖点，才能让销售工作水到渠成，事半功倍。

在销售行业，很多销售员都是活版的说明书，他们传达给客户的信息与客户可以从说明书上得到的信息其实相差无几，可想而知，他们的存在并没有特别的价值和意义，这对于销售员而言无疑是可悲的。如今，很多知名企业在卖场里销售商品时，都会配备专门的销售人员。这是因为虽然有详细的说明书，但是销售人员发挥的强大作用是不容忽视和替代的。归根结底，他们是要把产品卖给活生生的人，因而如果能够互动，则效果一定会更好。反之，如果不能互动，也不能在第一时间消除客户的疑虑，或者增强客户对于产品的信心，也许销售过程就会进展艰难。从这个角度而言，销售员一定要发挥自身的强大作用，而不要认为自己的存在是可有可无的，更不要对自己的工作自轻自贱。

对于每一个销售员而言，唯有真正意识到自身的价值，也切实验证客户真正需要解决的问题，才能最大限度地服务好客户，也能让客户果断地采取购买行为。尤其是对于产品的缺点和弊端，很多销售员鼠目寸光，只想逃避问题，而不想真正解决问题。殊不知，逃避永远无法解决问题，最重要的在于挖掘出产品的优势和卖点，以正面力量抵消负面力量，才能说服客户，消除客户心中的疑虑。

当然，在没有把必要的内容介绍给客户之前，先不要让客户通过不确定的渠道知道自己想要了解的内容。这是因为如果客户知道了自己想知道的，很有可能会打消购买的念头，甚至连想了解的欲望都没有。而如果先把想让客户知道的灌输给客户，从而帮助客户形成基础的观念，这种情况下再告诉客户他们想知道的，就不会对结果产生逆转作用。

需要注意的是，针对不同的产品，卖点也是完全不同的。例如对于药品，效果好，没有副作用，是最大的卖点。对于服装，款式新颖，质地精良，是最大的卖点。而在食品安全状况堪忧的今天，对于大多数食品而言，最重要的是要安全绿色无污染。而且对于不同的消费群体来说，他们所关注的重点也是截然不同的。诸如很多大妈，相对而言更喜欢产品物美价廉，而年轻的白领更注重品质，不愿意为了盲目追求低价而降低产品品质。甚至为了追求更高的品质，他们宁愿付出更高的价格，只为了得到优质的产品和周全的服务。当然，除了这些常规的卖点之外，在产品琳琅满目的今天，在可替代的产品层出不穷的今天，作为销售人员，我们更要全力以赴深入挖掘产品的优势和卖点，让产品具备真正的核心竞争力，才能成功引导客户主动地进行理性消费。

营销秘籍

只有抓住产品的卖点，才能一针见血地提出问题，好的问题能够起到抛砖引玉的效果，引导客户了解产品的优点。当然，前提是销售员必须非常了解产品，也知道产品的优势与劣势所在。在销售过程中，销售员要避免急功近利，才能潜心下来研究产品，了解客户，进而让销售进展顺利。

42. 洞察客户内心，把问题问到客户的心里

在大多数人的观念中，都觉得只有客户才会向销售员提问，而销售员往往不能向客户提问。实际上，能否洞察客户的内心，把问题问到客户的心坎里，这对销售的推进是至关重要的，从某种意义上也决定了销售过程能否圆满完成。毋庸置疑，在销售员和客户真正见面之前，销售员与客户完全是陌生的，生命没有任何交集。恰恰是对于同一件产品的关注，才让他们真正坐到一起，销售员想把这件产品卖出去，而客户则想把这件产品买回家。既然有产品作为联系的纽带，那么销售员如何才能与客户进行良好的互动和沟通，从而把每个问题都问到客户的心里，打动客户的内心呢？

前文说过，把话说到点子上是一门艺术，实际上，销售员不仅要把话说到点子上，还要把问题提得恰到好处，这样才能对客户起到抛砖引玉的作用，激发客户的谈兴，让客户兴致勃勃，滔滔不绝。记住，在推销关系中，销售员说得太多并非好事，所谓言多必失，尤其是在没有真正了解客户之前，销售员最该做的是倾听，而不是倾诉。因而明智的销售员知道，在与客户刚开始相处时，学会倾听客户，并且在倾听过程中适时地向客户提出能够激发客户灵感和谈兴的问题，这样才能与客户交流顺利，才能打开客户的心扉，走入客户的内心，了解客户的真实想法。

作为销售员，和客户交流时，提问比滔滔不绝地讲述更好。毕竟，随着信息大爆炸时代的来临，很多客户都可以通过各种途径了解产品，而此前只凭着三寸不烂之舌就能拿下订单的时代已经一去不返了。如今高明的销售员一定要懂得倾听和提问，才能发挥销售的能力，也才能不断推动销售工作的进展。和说话的内容相比，说话的方式显得更加重要，把这个观念投射到交流之中，就意味着必须合理提问，把问题提到客户的心坎里，才能不断挖掘客户的需求，也才能真正赢得订单。

周末中午，小王和妻子吃完午饭正在看电视节目消遣呢，门铃声突然响了起来。妻子催促小王赶紧去开门，自己则窝在沙发里不想动弹。小王打开门，发现有个西装革履的年轻人正站在门口，但是小王很纳闷，因为他搜肠刮肚也想不出来自己认识这个年轻人。正当小王想质问年轻人的身份时，年轻人不慌不忙地开口了："请问您家里有食品自动料理机吗？"小王被问住了，因为一直以来都是妻子负责做饭，他根本不了解家里有哪些炊具，最重要的是他也拿不准这个年轻人的身份，甚至一度以为这个年轻人是来借东西的邻居呢。正当小王愣神的时间，妻子喊道："是谁啊？"小王当即问妻子："咱们家有食品自动料理机吗？"妻子也被问住了，不知道是从哪里冒出这个无厘头问题的，因而结结巴巴地说："有食品料理机……但是，不是自动的，就是最简单的那种……"显而易见，妻子也被这个问题问住了。

正当此时，年轻人从随身的背包里拿出一个很精致的食品料理机，展示给小王和妻子看。小王和妻子此时对于这个料理机充满了好奇，特别想知道它自动化到什么程度，因而很有耐心地看完了年轻人的展示。后来，他们一致同意买一个全自动料理机，从此之后彻底解放双手。

事例中的推销员之所以能够推销成功，是因为他采取了开门见山的方法提出了核心问题。大多数推销员在进行陌生拜访时都会遭遇拒绝，是因为他们总是以“请问您需要一个 XX 吗？”为由头询问客户，结果客户在“需要”和“不需要”之间，总是毫不犹豫地选择后者。而事例中的销售员显然采取了全新的推销方式，他从推销一开始就带有很强的入侵性，却因为以问题激发了客户的兴趣，所以非但没有被客户排斥，反而被客户接受。

学会向客户提问，对于大多数销售员而言都是必须掌握的销售方式，也是效果显著，立竿见影的。但是如果客户的戒备心理很强，而且销售员的语言又比较强势，带着鄙视，那么这种直截了当的方式就很难给客户留下良好的印象。总而言之，销售是一项非常具有创造性和新意的工作，每一个客户面对销售工作，都会有不同的感受与体验。销售员一定要因人制宜，根据客户不同的情况恰到好处地对客户开展引导，而不要一味地命令和指挥客户，更不要因为客户的脾气秉性而产生畏惧和逃避心理。

通常情况下，销售员针对客户展开提问的方式有很多，例如直接提问、引导提问、探索提问等。直接提问的好处是开门见山，不需要绕弯，而引导提问则能够帮助客户深入挖掘自己的需求，从而帮助销售员更深入地了解客户，也有的放矢地引导客户。至于探索提问，则能帮助销售员了解客户深层次的购买心理，从而使得销售员在销售工作中更加有的放矢，卓有成效地帮助客户满足深层次的购买需求，让客户乘兴而来，满意而归。总而言之要记住，每个销售员必须深入且充分地了解客户的购买需求和深层次心理，当然，要实现这一点的前提是销售员要以恰到好处的提问引导客户，把问题问到客户的心里。

营销秘籍

洞察客户内心，是展开销售的前提条件。很多销售员一见到客户就滔滔不绝，其实根本不知道客户想了解什么。要想让每句话都说到客户心里，向客户传递有效的信息，销售员一定要了解客户的深层次心理需求，这样才能把话说到点子上，促进客户的购买行为。

43. 借助用餐机会，与客户深入沟通

常言道，民以食为天，尤其是在中国社会，已形成文化底蕴深厚的餐桌文化，由此也衍生出茶文化、酒文化等与餐桌文化相关的诸多文化分支。实际上，对于销售员来说，所谓的餐桌文化就是要请客户吃饭，抓住用餐机会，与客户进行深入沟通。为何非要在餐桌上谈论关于销售的话题，并且促成交易呢？首先，现代人生活节奏越来越快，工作压力越来越大，很多人根本没有时间进行各种交流，而饭总是要吃的，要是能利用吃饭的时间进行交流，当然也是不错的选择，是把时间最大化利用的表现。从心理学的角度而言，人们在进餐的时候往往心态比较放松，不会充满警惕和戒备心理。例如，同样的话题如果放在会议桌上去谈判，则交谈双方往往谁也不愿意让步，甚至导致气氛陷入剑拔弩张的状态。反之，如果把同样的问题放在餐桌上去谈论，则因为就餐的时候气氛相对轻松愉悦，就能够有效地缓解谈判的氛围，也会让沟通更加深入，接近于问题的核心和本质。

作为销售员，经常会遇到被客户以没时间为由拒绝的情况。所谓“不见兔子不撒鹰”其实对于销售工作并不适应，销售员应该把目光看得更长远一些，不要总是僵硬地拜访客户。假如换一种方式，主动邀请客户共进午餐，相信伸手不打笑脸人，客户一定会对你好感顿生。所谓吃人的嘴短，拿人的手

软，即使交易不能达成，销售员也会得到客户的热情对待，自然会有良好的推销体验。

当然，在饭桌上和客户进行交流时，也必须注意一个问题，即意识到饭桌上应该维持轻松愉悦的氛围，如果能够不影响吃饭的心情，那么当然是可以谈一谈工作的。相反，如果在饭桌上谈论工作使人感到沉重，那么最好的办法就是对工作避而不谈，只沟通感情。其实，一旦客户对于销售员形成了信任，则销售员接下来的销售工作就会水到渠成。总而言之，想要通过简简单单一餐饭或者几餐饭就能成功签约也并不是容易的事情，作为销售员有很多礼仪需要遵守，更要学会和掌握餐桌文化，从而才能让与客户一起进餐，取得事半功倍的效果。

公元前206年，项羽率领大军不远千里迢迢，来到函谷关。然而，他们才到函谷关就被守军拦住了。项羽不知道这是为什么，守军告诉他是刘邦亲自下令的。听到这话后，项羽气得七窍生烟，马上率领40万大军彻底冲破函谷关，根本不把刘邦的命令看在眼里。

其实，项羽这样气势汹汹是有资本的，因为当时的项羽拥有40万大军，而刘邦只有10万大军。正当此时，谋士范增劝说项羽当机立断彻底消灭刘邦，然而却被项羽的叔叔项伯走漏了消息，把这重要的消息告诉了张良。在张良的介绍下，刘邦拜托项伯调节与项羽之间的矛盾，并且约定了在次日的鸿门宴上彻底解决矛盾，与项羽交好。项伯受人之托，忠人之事，回到营地就把刘邦的意思转达给项羽，项羽初步接受。

次日，项羽与刘邦在鸿门宴上谈笑风生，尽管谋士范增几次三番暗示项羽除掉刘邦，但是项羽却犹豫不定，最终错失良机。等到樊哙进入营帐守护刘邦，项羽便很难找到机会除掉刘邦了，最终刘邦找机会逃跑，从此之后放虎归山，渐渐势力强大，真正崛起。

如果当初项羽能够果断一些，除掉刘邦，那么历史就会因此而改变。由此也可以看出，饭局的确是让人放松的场合，很少有人会在饭局上痛下杀手，哪怕心中各自都有打算，也会尽量维持表面上的平静和友好。当然，因为中国的饭局往往离不开酒文化，销售员在做东请客户吃饭时，一定要避免过量饮酒，否则原本宴请客户是好事，也就很有可能因为酒后失言而惹下祸患。

在很多民风彪悍的地方，总觉得招待贵客的最好方式就是让贵客酒足饭饱，甚至是让贵客醉倒。实际上，随着时代的发展和生活水平的提高，很少再有人肚子里住着馋虫，不管是看到美食还是美酒都无法控制自己。相反，他们更愿意把酒喝得恰到好处,因而销售员一味地给客户劝酒也就不可取了。凡事皆有度，过度犹不及，与其让客户因为醉酒而导致生意谈不成，还不如尊重客户的酒量，告诉客户酌量饮酒。总而言之，唯有在客户面前掌握好分寸和度，才能给客户留下良好的印象，也才能真正促使交易达成。

当然，历来的餐桌文化也是有很多讲究的，甚至在入席的座次上，都有讲究。当然，吃饭喝酒尽管是推销的一种策略和方式，销售员还是应该端正态度，意识到喝酒吃饭只是达成销售目的的手段之一，而不是真正地纵情狂欢。每个销售员都要承认，与客户喝酒吃饭，和与朋友喝酒吃饭相比，是截然不同的。前者带有一定的目的性，后者是顺其自然的。但是，尽管喝酒吃饭是手段，销售员还是应该做得自然而又真诚，不要表现出急功近利的样子。记住，没有任何人愿意进入别人的计划，成为别人的棋子，尤其是客户，更希望自己能够成为上帝，而不想让自己在销售员面前只有言听计从的份儿。总而言之，看似简简单单的一餐饭，实际上却是非常复杂的竞技场。饭局上，人们不但可以心情轻松愉悦，还可以协调各种复杂的人际关系。作为销售员，既要把客户当成上帝，又要把客户当成朋友，还要把客户当成酒友。客户一人，对于销售员就兼任着好几重的身份，所以在饭局上，销售员一定要把客户摆正位置，也把客户伺候得恰到好处。唯有把饭吃得高兴，把酒喝得尽兴，销售工作才能进展顺利，事半功倍。

营销秘籍

轻松愉快地一起用餐，能让销售工作事半功倍。和正式的商务会谈相比，餐桌上的氛围往往更加轻松愉悦。此外，与客户利用用餐时间交流，也避免占用客户的工作或者休闲时间，可谓一举两得，也往往会受到客户的欢迎。销售员要学会见缝插针，既达到自己的推销目的，也不引起客户的反感。

44. 好销售员从来不把话说得太满

还记得《自相矛盾》的故事吗？卖矛的人说："快来买啊，我的矛是全天下最锋利的矛，能刺破一切的盾。"等到把矛放下，拿起了盾，他又说："快来买呀，我的盾是全天下最坚固的盾，能够抵挡一切的矛。"旁边的人就问："如果用你的矛去刺你的盾呢？"卖矛和盾的人瞬间不知道如何作答，因为此前他不管是在卖矛的时候，还是在卖盾的时候，都无一例外把话说得太满了，因而根本无法为自己收场。

一个真正优秀的销售员，绝不会自己挖坑给自己跳，更不会自相矛盾。他们知道把话说得太满除了导致无法收场之外，没有任何好处，而唯有把握好说话的度，才能给自己留下回旋的余地，也不至于因为说话太满而导致一切话都成为大话、空话，变得毫无意义。

很多人都知道不能把话说得太满，但是在真正的销售过程中，依然有很多销售员都会把话说得很满，而且丝毫不给自己留下回旋的余地。因而在与客户沟通时，不要随随便便承诺，而一旦承诺就要一诺千金，勇于践行自己的诺言。也不要把话说得太绝对，过于绝对的话只会把自己逼入死角。很多时候，把别人逼入绝境也就是把自己逼入绝境，因为作为销售员一定要给客户留有余地，也给自己留有余地。否则，当客户被逼入绝境，无路可退，销售员非但无法让自己脱身，还会在客户心目中种下绝望的种子。常言道，人情留一线，日后好见面。这就是告诉人们，凡是都要留有退步，才能与人为善，与己为善，也才能避免因为把话说得太绝，而把一盘活棋变成死棋。对于进退自如、游刃有余的状态，相信每个人都是趋之若鹜的。

20世纪70年代初，香港必须依赖进口原料生产塑胶产品。后来，由于受到石油危机的影响，很多进口商联合起来搞垄断，导致厂家根本无法承受高昂的原料价格，为此，很多厂家都濒临破产。在当时，李嘉诚已经把经营中心转移到地产上，而且也因为提前储存了很多原料，所以基本没有受到这场危机的影响。看到很多合作伙伴都因此而濒临倒闭，李嘉诚毫不犹豫地肩负起对香港塑胶产业的重任，切切实实展开行动，联合很多塑胶企业一起从国外进口原材料，彻底打破了进口商垄断市场的妄想。为了及时向受难的企业伸出援手，李嘉诚还把自己预先储备的原料分出了一半的量给各个会员单位，从而带领各个塑胶企业度过困境。

李嘉诚从来不会把话说得太满，而对于自己说出去的话，就一定会做到。其实，不管是做生意还是作为销售员，都要在交易达成之前先学会做人做事，唯有把人和事都做好，才能让生意水到渠成。一个人如果总是空话连篇，就像《狼来了》中的小孩一样几次三番欺骗他人，最终把自己彻底骗了。所以不管是做人还是做事，都不要把话说得太满，更不要空话连篇。看到这里也许有朋友会感到纳闷：不把话说得太满，和空话连篇有什么关系呢？实际上，这两者之间联系很密切。举例而言，一个人如果总是把话说得太满，而又无法做到，那么一定会因此而失言，渐渐地也就变成了空话连篇。实际上，人要想遵守诺言，最重要的在于一定要结合自身的实际能力和情况，说出中肯的话来，也要做出能够实现的承诺，这样才能维持自己的尊严，形成一定的权威，也让每句话都能得到他人的信任。

优秀的销售员从来不会把任何话说得自己无法兑现，而是会根据自身情况，字斟句酌地说出负责任的话。尤其是在涉及保证等事情时，更要谨慎，三思而言。记住，说话绝不是上下嘴皮子一碰就能完成的事情，而是要在有把握的情况下对他人做出承诺。有时候，必要的圆滑也是有好处的，至少能够让自己进退有余，为自己留有余地。

为了让自己的话有理有据，还要让每句话都合情合理。正如某位伟大的哲学家所说的，存在即合理，每一件事情的存在都是理所应当的，所以销售员在面对客户表现出的各种状况时，也能够完全理解和接纳，从而给予客户更好的体验和感受。总而言之，作为销售员，不管对产品多么有信心，也不管觉得自己多么有专业的能力和素养，都不要随随便便自夸自大，更不要因为盲目夸海口而被他人抓住把柄。否则，一旦在与客户的交流中授人以柄，那么说出去的话就如同泼出去的水，再因为后悔而想收回自己的话，就变得很难了。在战场上，那些战术高明的将军，总是让队伍保持在进可攻退可守的位置上，从而灵活机动，抓住一切有利的战机获胜。面对客户，销售员也在打一场硬仗，因而也要时时处处为自己留有余地。

营销秘籍

不把话说满，是做销售员的智慧。把话说得太满，并不能赢得客户的信任，相反还会因为食言失去客户的信任。明智的销售员会给自己留有余地，从而让自己从容斡旋。尤其是在涉及对客户的承诺时，更要保持理性，切勿因为一时冲动而给出无法兑现的承诺。

45. 给客户出主意，要把握适度原则

尽管我们提倡销售员要以真诚和真心对待客户，实际上言多必失、祸从口出这些古训都告诉我们，如果一个人不能管好自己的嘴巴，那么总会无意间就闯下祸患，惹祸上身。毋庸置疑，人人都是会说话的，但却并非人人都会表达。在真正的交流中，说话只是基础，只有用心地把话说得恰到好处，说到点子上，才能让语言交流事半功倍。否则，哪怕说了很多，也不能让语言起到交流的效果，甚至还会导致事与愿违。

在购买决策形成之前，很多客户都会因为拿不定主意，而向身边的人征求意见。也因为在客户的心目中销售员是专业人士，所以客户偶尔也会向销售员征求意见。在这种情况下，很多缺乏经验的销售员往往变得很激动，觉得自己得到客户的高看一眼，所以应该给予客户最好的意见。殊不知，好不好，甚至正确与否，都是相对的。每个人考虑问题的角度不同，而销售员毕竟不是客户，不可能完全了解客户的需求，在这种情况下，如果销售员毫无顾忌地把自己的意见说给客户，就很有可能会误导客户。当然，如果销售员真的能给客户专业中肯的意见，并且得到客户的诚挚感谢，就是非常圆满的。前提是销售员必须有自知之明，不要觉得自己的专业能力很强，或者有决断力，因而就对客户的选择妄加指点。

销售员与客户之间的关系是很特殊的，销售员既要对客户起到引导和指导的作用，又要注意区分自己与客户身份上的不同。销售员即使非常专业、敬业，竭尽全力为客户着想，也不能变成客户，更不能代替客户做决策。尤其是销售员与客户的关系，并非家人关系、朋友关系，就更不要随意对客户指手画脚，避免遭到客户的埋怨。在心理学上，有一个安全距离，意思是说人与人之间要保持适度的身体距离和心理距离。销售员也要为自己与客户设置心理安全的阀值，从而避免与客户过于亲密，尤其是在做决定时，更要与客户保持合理距离，避免越俎代庖。

当然，当客户求助于销售员时，销售员还是要巧妙地给客户出主意，一则可以促进销售，二则也可以在销售过程中引导客户，促进交易。销售员如果能把出主意的策略运用得恰到好处，对于销售会有很大的促进作用，也会让销售事半功倍。当然，要想让出主意策略起到预期的效果，最重要的是站在客户的角度为客户考虑，而不要让客户觉得销售员带有极强的功利心理。所谓春雨贵如油，润物细无声，销售员如果能把给客户出主意的事情做得不露痕迹，就会如同春雨一样滋润客户的心田。

作为保险业的传奇推销员，原一平的大名尽人皆知。众所周知，在销售行业中，推销保险是难度最大的，这是因为保险是看不见也摸不着的，所以很多不懂保险的人，对于保险往往怀着排斥和抗拒的态度，还有些人觉得保险就是骗人的。那么，原一平是如何把保险推销工作做得出神入化的呢？这一切都得益于原一平很善于为客户出主意。

有一次，原一平带着朋友的介绍信去拜见一位从事建筑工作的经理人。这位经理人漫不经心地看了介绍信，以不屑一顾地对原一平说："如果你想向我推销保险，很遗憾，我才刚刚买了保险，所以根本没有需要。”普通的推销员看到客户的态度如此坚决，肯定马上就会打道回府，而且根本不会对这个客户抱有任何希望。但是原一平并不是如此，他话锋一转，问经理人："您这么年轻就在建筑业有了名气，我很好奇您当初是如何选择做建筑行业的呢？”看着原一平诚挚的眼神，经理人的眼睛里冒出微光，一则是因为他得到了原一平诚挚的赞美,二则是因为他有机会得述自己最为得意的发家史。为此，经理人滔滔不绝地讲起来，这一讲就是好几个小时。直到最后，经理人才意识到原一平足足听他说了好几个小时，因而有些不好意思，问原一平："您需要我做些什么？”原一平说："我想问您几个问题，希望得到您的如实回答。”就这样，原一平用几个小时的倾听赢得了提问的机会，也因此而更加了解经理人。

等到原一平告辞的时候，对此经理人已经有了深入了解，并且后来为此经理人量身定制了保险计划。看完原一平堪称完美的保险计划，经理人怦然心动，几乎毫不犹豫地决定从原一平这里购买保险。实际上，原一平的保险计划之所以比其他保险推销员的计划更完美，是因为他已经非常了解经理人了。

如果没有对经理人进行详细深入的了解，原一平怎么可能做出详细周密、堪称完美的保险计划给经理人呢！而大多数保险推销员制定保险计划，都是怀着漫不经心的态度，根本没有耐心深入了解客户的需求和内心状态，所以无法制定出如同原一平的保险计划那么完美的计划，也就不足为奇了。

每一个行业的推销员，除了要了解产品之外，最重要的就是了解客户。而且，推销员还要把了解客户的范围扩大，而不要仅仅把了解客户局限在最基本的信息方面。诸如年纪、性别、职业等，这些信息都是基础信息，深入了解客户要在基础信息的基础上，了解客户的成长经历、教育背景、家人情况、创业史、各种价值观念等，这样才能对客户有全方位的了解，也才能让自己的每句话都说到客户心里，也使得为客户所出的主意能够成功打动客户，从而促进交易达成。

需要注意的是，销售员在为客户出主意的时候一定要把握合适的度，不要因为得到客户的求教就沾沾自喜，对客户颐指气使，也不要随意命令客户怎么做。别说是对待客户了，哪怕是对待身边的亲人朋友，也要讲究方式方法，尽量以建议取代命令，也尽量以引导代替指示。记住，客户永远是上帝，不管客户需要推销员怎样的服务，推销员都应该牢记客户的身份，也以服务好客户为首要任务。此外，推销员一定要避免代替客户做决定，当客户对推销员的建议表现出极大的兴趣时，推销员还要提醒客户保持理性，在参考推销员建议的基础上做出真正属于自己的选择。很多推销员与客户交往比较密切，往往会情不自禁从感情上与客户过于亲近，实际上这也是不可取的。尤其是在给客户提建议时，一定要避免私人感情，尽量从专业角度给予客户中肯的建议，这样才能给客户留下专业、敬业的好印象，也才能得到客户的认可和赞许。

营销秘籍

知己知彼，百战不殆，销售员一定要牢记这个原则。对客户保持热情，是对销售员基本的要求。然而，凡事皆有度，过度犹不及。销售员对客户的热情一定要适度，当客户需要专业的指导意见，销售员给客户出主意时，更要把握合适的度，以免使客户觉得销售员急功近利。适度而又中肯的建议，才是客户真正需要的。

46. 有些话，永远也不要对客户说

作为销售员，哪怕与客户的关系亲密无间，有些话也是不能对客户说的。实际上，销售员与客户之间除非交易已经结束，彼此才能成为真正的朋友，否则在促成交易的过程中，销售员会对客户抱有功利心，而客户也为了得到销售员更诚挚的服务，难免曲意逢迎销售员。在这种不很纯粹的关系中，销售员和客户都要保持适度的关系，彼此心中有一定的阀值，才能让人际关系顺利发展，也才能给予彼此更好的合作体验。

销售员每天都要与形形色色的客户打交道，常常因为一两句话说不到位，就导致客户产生误解，也有可能因为某些话说得太满，导致客户把所有希望都寄托在销售员身上。在这种情况下，如果销售员不能完全兑现诺言，则会给客户留下不可信的恶劣印象，甚至客户还会因为销售员的出尔反尔，而彻底放弃与销售员的合作。由此可见，说话尽管是普通常见的事情，但是在销售员和客户之间，每句话都应该字斟句酌，谨慎小心，这样才能保证言必出，行必果，也才能促使销售员与客户之间的关系良性发展。

当然，沟通的实际情形是没有办法预估的，因而在面对不同的客户时，销售员都要因人制宜，随机反应，做出合理的应对。不过，有些话是对于任何客户都不能说的，诸如“不可以”“我不管这件事情”“你说的是真的吗”“公司规定不能这样”“你懂我说的意思吗”“我们的产品质量绝对过关”“我只能试试”……诸如此类的话会产生各种各样的负面影响，给客户灌输负面的能量，影响交易达成。尤其是问客户“你懂我说的意思吗”则会让客户产生被小看的感觉，使得客户觉得受到侮辱，甚至不愿意再与这个轻视客户的销售员合作。虽然说话是一件简单随性的事情，但是销售员面对客户毕竟不是面对朋友和亲人，因而一定要管好自己的嘴巴，千万不要不经过大脑，就让很多话脱口而出。再如，哪怕是销售之前，销售员也不要向客户保证产品质量绝对过关，工厂里生产任何东西都有合格率，而一旦客户不幸遇到那个不合格的产品，概率就相当于百分之百，所以心情是很难保持平静的。关于客户对产品质量的质疑，销售员可以以合格率告诉客户产品的质量是非常好的，但是绝不可能做到每一件产品都完美无瑕。只要是明智的客户，得到这样中肯的、符合实际情况的回答，一定会觉得比得到打包票的回答更好。

很多客户一旦在购买过程中遇到困难，或者有不满意的地方，都会第一时间向销售员寻求帮助。这种情况下也要注意，不要只是敷衍客户“我只能试试”，这样的回答必然会使客户第一时间就在心中嘀咕，或者直截了当地质问销售员：“在销售没有达成之前，你为何承诺我你能解决任何问题呢？”这样巨大的反差，的确会显得销售员功利心明显，也引起客户的反感。如果问题在你的能力范围之内，是你努力就能做到的，那么你一定要毫不迟疑地告诉客户“我会解决这个问题”，这样至少能帮助客户在第一时间内恢复情绪的平静，也帮助客户看到成功的希望。

对于大多数客户而言，他们尽管重视成交的过程，但是更重视最终的结果。和销售员有着明确的销售目的一样，客户也有着清晰的购买目标。唯有实现购买目标，客户才会对销售过程感到满意，否则过程再完美，如果销售员最终使客户事与愿违，客户也无法对一切感到满意。

销售员一定要记住，任何情况下，口无遮拦、说话不经过大脑，都是很糟糕的。这样的行为容易给销售员带来很大的麻烦，也会导致销售员在销售过程中陷入被动的窘境。从生理的功能角度而言，说话是很简单的事情，只是上下嘴皮子碰一碰，就可以说出一连串的话来，然而要想有组织地进行表达，则需要调动大脑，谨慎思考，也要合理组织语言，以最好的方式进行表达，才能起到事半功倍的效果。作为销售员，真正成交一个客户是需要非常用心维护的，如果只是因为一句话说错了就功亏一篑，无疑是得不偿失的。因而明智的销售员总是习惯性地站在客户的角度上考虑问题，尽量让自己说出的每一句话都能贴合客户的心意，给予客户更好的服务体验。

此外，老司机都知道遇到红灯的时候一定要停一停再前进，那么作为销售员更要从中汲取经验，尤其是在与客户发生冲突或者情绪激动时，一定要宁停三分，不抢一秒，绝不做出把话说完再后悔的冲动举动。在情绪激动之余，当话到嘴边时，如果有必要，也要硬生生地咽下去，这样才能处理好与客户的关系，让客户每句话都听得心中妥帖。

营销秘籍

谨言慎行，三思而言，是每一个销售员都要做到的。不管销售员与客户之间保持着理性的距离，还是相处得如同好朋友一样，在关系到销售工作时，销售员都要理清关系，不要觉得与客户亲近就口无遮拦，不管什么话都对客户说。记住，与客户之间，有些话是不能说的。

第九章

分析客户心理，打开客户的“心结”

作为销售员，如果不了解客户的心理，那么销售工作就很难展开，更会因为客户心中有心结无法解开，而导致销售进展停滞。要想成为优秀的销售员，就要懂得一些客户心理学，这样才能在对客户开展工作时进展顺利，让销售工作圆满成功。

47. 打好“心理战术”，发挥销售魅力

常言道，兵无常势，水无常形。在销售工作中，销售员也会面对各种变化莫测的情况，尤其是每个客户的脾气秉性都各不相同，因而销售员更要把心理战术运用得恰到好处，才能真正挖掘出自身的力量，实现征服客户的目的。归根结底，销售这场战争是硬仗，人人要想赚个盆满钵满，是很难的。唯有真正懂得心理战术，销售员才能在商海的博弈中如鱼得水，步步为营。

当然，因为销售员与客户之间的特殊关系，所以销售员针对客户展开的心理战术也是要讲究方法的。毕竟销售员与客户之间的关系不是战场上与敌人之间的关系，也不是生活中与朋友之间的关系，而是既带着对立的些许意味，又要像朋友一样亲密接触。从这个角度来看，必须把握好适当的度，才能最大限度地发挥销售的魅力，也才能真正打赢与客户的心理战。

要想在与客户的心理战中取胜，销售员就要把握以下几点。首先，要把握合适的时机，如果能在恰到好处的时候把话说到点子上，则能起到事半功倍的效果。否则把话说得不合时宜，会导致事与愿违，甚至会导致事情的结果完全违背本心。这是因为说话的内容与方式固然重要，更重要的是说话的时机和场合，将会对说话的效果起到很大的影响作用。

其次，说话不在于多，而在于精，更在于出奇制胜。尤其是销售员，要

想第一时间拉近与客户之间的关系，吸引客户的心，就一定要以“奇”取胜。这里的“奇”不仅指的是说话的方式奇特，内容新颖，也指的是要挖掘出产品的特点。只有从实质内容到观念形式都具有新意，才能让销售员与客户的交流一举夺胜。要知道，人天生就具有强烈的好奇心，对于新鲜事物一定会充满好奇，也蠢蠢欲动想要尝试，所以在销售过程正式展开之前，就要分析客户感兴趣的点，才能成功吸引客户。当然，需要注意的是销售员一定要杜绝急功近利的思想，要知道这个世界上既没有一蹴而就的成功，也没有天上掉馅饼的好事情，唯有把销售工作的每一步都稳扎稳打，才能让销售工作步步为营，顺利推进。

再次，如果在销售工作中一味地冒进，则很容易因为进步太快，节奏紧锣密鼓，而导致销售员与客户之间发生各种冲突和矛盾。每当遇到这种情况，销售员一定要学会退步，而不要一味地与客户争执，非要分出个高低胜负来。否则，哪怕在口头上有了胜算，看似占据上风，也会因为伤害了客户的尊严，而导致生意泡汤。从本心的角度而言，每个人都希望自己得到他人的认可，也更愿意与欣赏自己的人相处。所以作为销售员，要想得到客户的欣赏和喜爱，就一定要给客户留下好感，与客户拉近关系，必要的时候还要对客户以理服人，以情动人，尽量站在客户的角度思考问题，才能真正做到打动客户。

作为一名经验丰富的销售员，小林并不像很多销售员对待客户那样死缠烂打，相反，他会给予客户一定的时间和空间去思考，从而使客户主动找他做成生意。对于小林这样的销售技巧，很多同事都叹为观止，但是他们因为把握不好合适的度，全都不敢效仿小林。

前段时间，小林接待了一对老夫妻来挑选家具。在为老夫妻准确定位后，小林为他们锁定了简欧风格的家具。这是因为老太太很喜欢干净明亮的颜色，不太喜欢中式家具的沉闷颜色。在带老夫妻看完简欧风格家具的样品后，老太太当即表示很满意，但是老先生则觉得价格有些偏高，所以没有当场购买。

在与老夫妻聊得深入透彻后，小林并没有催促老夫妻下决定，而是在与老夫妻分手时装作漫不经心的样子，对老太太说："阿姨，最近简欧家具很受欢迎，我建议您货比三家，您就知道该选择哪一家了。"这句话看似平淡无奇，却在老太太心中激起了波澜，刚刚离开家具店，老太太就对老先生说："老伴，我觉得就买这家吧。你看，咱们之前去其他家看家具，都是对咱们死缠烂打，恨不得让咱们当场交钱。但是你看这家的小林，根本不催促咱们购买，反而建议咱们货比三家，我觉得这就是人家对自己的家具有信心啊！不然，他怎么敢放咱们走，还让咱们多多比较呢！"老先生也被老太太说动了，内心有些动摇："这家的销售套路的确有些不同。"回到家里，老夫妻一合计，次日就来交了定金，定下了家具。

在三十六计中，小林使用的这一招叫欲擒故纵。老夫妻已经习惯了销售员死缠烂打的样子，因而对于小林的退一步表示很不适应，也琢磨不透。实际上，对于小林而言，一味地催促老夫妻交钱购买家具，反而会引起老夫妻的反感。而在对于产品质量有信心的情况下，还不如给客户更多的思考时间，也引导客户多多进行比较再选择，这样反而让客户觉得销售员对产品是非常有信心的，也是与众不同的，因而使得客户反过来主动成交。其实，从心理学的角度而言，没有人愿意被强迫，客户当然也是如此。每个销售员都知道，客户是上帝，既然如此就更不能把客户逼得太紧，更不要让客户在销售过程中陷入被动。当销售员把被动的销售过程转化为主动的销售过程，相信客户一定会有更好的购买体验，也会在销售工作中有更加积极主动的表现。

现代社会，随着发展速度越来越快，很多现代人生存压力巨大，尤其是面对激烈的市场竞争时，更会因为复杂的人际关系和激烈的竞争局势而导致自己陷入被动之中。作为销售员，每天都要面对形形色色的客户，还要完成销售的任务，更是压力山大，只有全方位地提升自己，才能发掘自身的潜力，激发出自己的所有能力，把工作生活都完成得更好。在与客户斗智斗勇的过程中，销售员更要恰到好处地运用好心理战术，才能成功赢得客户的尊重与信任，征服客户，也让销售工作水到渠成，销售效果事半功倍。

营销秘籍

销售就是一场心理战，尽管没有硝烟，却战火纷飞，紧张万分。销售员要想让交易顺利达成，必要的时候要对客户展开心理战术，才能推动销售进程加速，也帮助犹豫的客户下定购买决心。所谓战机也是非常重要的，否则一旦失去成交机会，客户也许就不想成交了。

48. 讨价还价，不要过犹不及

销售员难以避免要面对客户的讨价还价，而遭遇客户砍价也是让销售员最为难和尴尬的情况。实际上，价格是销售过程中至关重要的因素，销售员与客户唯有在价格上达成共识，才能真正实现交易。否则，哪怕销售员与客户关系再亲近，感情再深厚，也没有人愿意花更多的钱买单。对于销售工作而言，讨价还价不但是至关重要的一项内容，也是销售过程中的艺术。每个销售员要想提升自己的销售能力，成为优秀且出类拔萃的销售人员，不但要掌握谈判的基本技巧和原则，还要学会讨价还价的技巧，这样才能争取在与客户的谈判中占据主动的地位，也获得真正的成功。

首先，销售员对于客户的讨价还价一定不要反感，很多销售员一旦看到客户讨价还价，就会感到愤怒，甚至指责客户是穷人，显而易见这样的观点都是很片面的，而且会导致与客户之间的关系变得恶劣。唯有发自内心地接受销售员的讨价还价，销售员才能以宽容的心态接受，以端正的态度对待。其次，销售员要认识到讨价还价不是漫天要价，而是有目的有原则地进行关于价格的谈判，一定要讲究策略，也要讲究方式和技巧。在谈判过程中，销售员要始终坚持合作共赢的原则，而不要一味地抬高价格，如果最终不能达成交易，那么再高的利润点也会变得毫无意义。香港首富李嘉诚之所以能把生意做得这么大，就是因为他在与客户合作的过程中始终坚持让出更多的利益给客户，从而谋求长远的合作，把生意做得长长久久。否则，如果李嘉诚总是拼尽全力压低客户的利润，那么可想而知他会在生意上陷入窘境，也无法为自己树立强大的口碑。总而言之，讨价还价是一种技巧，也是一种策略，而绝不是生硬地砍价。生硬地砍价很容易把生意搞砸，而有策略地讨价还价，其目的是为了达成交易。在交易过程中，最重要和最敏感的信息就是价格，必须达到价格平衡，交易才能顺利进行。

作为推销员，张明最主要的工作就是四处奔波推销大型的设备。因而每到一家客户单位进行推销，张明就要与客户单位的工程师打交道，因为只有产品得到工程师的认可，才有可能被接受，达成交易。

最近这段时间，张明正在洽谈一家大客户，眼看着前面的准备和铺垫工作已经完成，张明与负责的工程师约定了时间，要进行正式的见面洽谈。谈判的日子越来越近了,张明心中忐忑,对价格又进行了一番认真细致的考察。谈判开始，张明开门见山给出了一个报价，果不其然，工程师当即对价格表示否定，强烈要求张明一定要给出合适的价格。张明灵机一动，反问工程师："那么，你觉得多少钱合适呢？"工程师显然也意识到这是个棘手的问题，说得太低怕张明有意见，说得高呢又担心自己公司吃亏。然而，既然他已经接到这个皮球，是根本不可能退回去的，为此工程师思来想去，为难地说："还是你先降一下吧，我觉得合适自然就会接受的。"

张明没有一下子放出自己的低价，而是先让了原计划降价幅度的一半。果不其然，工程师还是表示不满意。张明也觉得无奈了，说："这已经是我能给出的最低价格了，也是诚意十足的价格。您也知道，买卖两个心眼，不可能完全达到一方的满意。虽然您没有说出心理价位，但是我恳请您也适当地提升一下价格，这样咱们才好继续谈下去啊！”听到张明合情如理的话，工程师知道张明的确付出了努力，因而说：“这样吧，我也不再抱着之前预期的价格不放，你也再让一步，咱们达成交易，好不好？”就这样，张明又让出原计划降价幅度的25%，最终以高于预期降价幅度25%的价格成交，心里也美滋滋的。

如果张明死死地抱住自己的价格不懂得退让，那么最终一定会惹恼工程师，导致交易无法顺利进行下去。有经验的销售员都知道，客户想要讨价还价完全属于正常现象，因而根本不要过分紧张，也不要因为客户无法接受价格而生气。换作销售员是客户，相信也会拼尽全力压低价格，这样才能让自己买得物有所值。

当然，讨价还价必须适度，否则如果过度，就会导致过犹不及，甚至原本有八九成把握成功的交易也很可能会鸡飞蛋打。那么销售员如何以合理的策略适度谈价呢？首先，销售员在给客户报价时就要坚持合理适度的原则。很多销售员觉得客户是外行，因而毫无限度地和客户要高价，结果导致客户被吓跑了，交易也就落空。这就要求销售员在报价之前先了解行情，才能给出适宜的价格。其次，在与客户谈到价格问题时，如果实在来不及了解价格，还可以投石问路，通过恰到好处地提问，了解对方的心理状态，从而为接下来的交易进行指导。实际上，不仅销售员在观察客户，客户也在观察销售员的反应。因而销售员给出价格时要留有回旋余地，才能把事情做得更恰到好处。再次，与客户谈价要注意表达的方式，不要总是生硬地出价，伤害客户的自尊心。记住，与客户讨价还价的目的是促进成交，而不是最终鸡飞蛋打。最后，在谈判进入白热化阶段时，销售员不要等着客户主动让步，而要学会适时让步和示弱，从而表现出自己的诚意，也给客户一个台阶下。否则，当谈判因为价格陷入僵局，还如何能够顺利进行下去呢？

从本质上而言，讨价还价是一场心理上的博弈，也是一场兵不血刃的战争。作为销售员，最终的目的不但是维护合理的价格，最重要的在于能够把交易达成，既让自己有利可图，也让客户尝到甜头，只有实现双赢，合作才能长远。

营销秘籍

世界上没有永远的敌人，只有永远的利益。与客户讨价还价，是大多数营销工作必然经历的阶段。作为销售员，要理解客户追求质优价廉是完全合情合理的心态，因此把握合适的尺度与客户沟通价格，也是销售员必备的营销技能。

49. 对待强势客户，以柔制胜

从事销售行业的人都知道，客户形形色色，不但每个人的脾气秉性各不相同，而且每个人的价值观念和选择标准也完全不一样。遇到心平气和容易沟通的客户还好，客户至少能把销售员的建议听到心里去，而一旦遇到强势的客户，则销售员往往处于弱势，还会因为与客户之间争执，导致销售工作完全陷入僵局。那么，当面对强势客户时，如何才能恰到好处地对待客户，让交易顺利达成呢？尽管销售员从人格意义上而言与客户是完全平等的，但是不得不说在销售与购买的关系中，既然销售员要把客户当成上帝对待，那么聪明人就知道应该让自己相对处于弱势的地位，哪怕从专业角度给予客户合理中肯的建议，也要讲究方式方法，以柔克刚，以柔制胜，而不要盲目与客户对着干，导致鸡飞蛋打。

明智的客户知道，以强势对待客户，必然导致落空的结局。就像很多人都知道以柔克刚的道理一样，销售员也要以柔软战胜客户的刚强，这样才能收获双赢的结局。否则，面对客户的咄咄逼人，销售员也迎难而上，则会输得很惨。要想收获好的结果，销售员应该牢记初心，不忘本心。众所周知，在世界上，水是无形的，即使只有小小的空间，水也能够渗透进去，而且在不同的环境中，水还能变换不同的形态，从而适应各种恶劣的环境。这一切都得益于水的柔韧，做人需要拥有如同钢铁般的意志，也需要拥有柔韧的本性，这样才能做到能屈能伸，也让人生发展更好。明白了这个道理，销售员当然不会与客户产生正面争执，而是会主动避开客户的锋芒，从而让销售工作顺利推进。

渑池之会后，蔺相如因为表现出色，被赵王封官加爵，位列上卿，官位比战功赫赫的廉颇更高。对此，廉颇很不满意，几次三番扬言要当众羞辱只会耍嘴皮子的蔺相如。得到消息后，蔺相如总是尽量避开廉颇，还告病不上朝，只因为不想见到廉颇。

有一次，蔺相如驾车外出，远远地看到廉颇的马车过来了，赶紧让车夫避让到小巷子里，不要与廉颇见面。渐渐地，门客们看到蔺相如这么害怕见到廉颇，都以为蔺相如是胆小怕事，因而纷纷向蔺相如请辞："我们离开家乡和亲人追随您，是因为觉得您有胆识有魄力，也能做一番大事业。如今，您如此害怕廉将军，让我们都觉得面子上无光，请允许我们告辞。"看到门客们纷纷要离开，蔺相如不由得心急起来，赶紧向门客们解释："你们觉得廉将军厉害，还是秦王厉害？"门客们异口同声说道："当然是秦王厉害。"蔺相如解释道："我连秦王都不怕，为何要怕廉颇将军呢？"门客们很不理解："如果您不怕廉颇将军，为何连上朝都不去了，也要躲着他呢？"蔺相如说："秦国这么强大，对每个国家都虎视眈眈，而之所以不敢对赵国发兵，就是因为忌惮我和廉颇将军。如果我和廉颇将军不和，一旦被秦国知道，必然要对赵国开始进攻。你们觉得，是国家安危重要，还是个人荣辱重要呢？"听了蔺相如的话，门客们全都表示信服，再也不愿意离开深明大义的蔺相如了。

后来，蔺相如的这番话传到廉颇耳朵里，廉颇感到很羞愧，脱掉上衣，赤裸着上身，背负着荆条，来到蔺相如门上谢罪。从此之后，廉颇和蔺相如成为生死之交。

如果蔺相如与廉颇正面冲突，那么也许真的如蔺相如所说的那样，秦国就会觊觎赵国。幸好蔺相如深明大义，也总是对廉颇忍让，所以才能维持表面上的和平，让老百姓免受秦国的骚扰，安居乐业。这样的以柔克刚，才能彻底感动廉颇，使得廉颇也意识到问题的严重性和蔺相如的苦心，不再因为个人的小小名誉而对蔺相如嫉妒仇恨。最终，成为生死之交的廉颇和蔺相如，为了守护赵国的安危做出贡献，也深受人们的敬爱。

在销售工作中，以柔克刚同样非常重要。需要注意的是，使用以柔克刚的策略一定要讲究合适的时机，而不要在不合时宜的时候发挥出来。深谙以柔克刚精髓的销售员知道，当客户滔滔不绝、盛气凌人时，与客户争执相当于火上浇油，也会给自己惹来更多的麻烦，最好的办法就是保持沉默，维持冷静和理智，从而周全地思考，做出最佳的举动。其次，还应该学会转移话题，不要总是迎难而上，说一些让客户情绪激动或者心生抵触的话题，否则会更加惹恼客户，让问题变得不可收拾。当然，对于那些实在让人无法忍受也不懂得尊重人的客户，销售员还是可以进行适度反击的。不过要注意反击的时间和方式，记住，反击不是一味地争吵和决斗，而是以恰到好处的方式打击客户的嚣张气焰，让客户有所收敛，这才是真正的胜利。总而言之，销售员与客户是工作上的关系，绝不要把自己当成莽夫或者是泼妇，对客户肆无忌惮地谩骂或者大打出手。唯有学会示弱，掌握以柔克刚的销售技巧，才能真正征服客户，达成交易。

营销秘籍

唯有以柔克刚，才能以柔制胜。与其与客户以硬碰硬，导致销售工作陷入窘境，不如调整好心态，以柔软应对强硬的客户，反而能取得更好的效果。所谓百炼成钢绕指柔，把这个定律运用在销售工作中，才能避免两败俱伤的后果。

50. 让客户的敌意消失于无形

牙齿还会碰到舌头呢，更何况销售员与客户相处呢。人们常说，有人的地方就有江湖，这是因为人心隔着肚皮，每个人都是世界上独一无二的生命个体，哪怕是父母也无法完全了解孩子，可想而知，原本陌生的人之间相处一定需要付出更多，也需要彼此努力。不管一个人多么小心谨慎，都不可能得到所有人的认可和喜爱。与此相反，就算是历史上大名鼎鼎的汉奸秦桧，也有自己的几个朋友。由此可见，每个人都会得到他人的喜爱，也会因为各种原因而与他人发生冲突，甚至被他人敌视。在普通的人际关系中，有误解当然要及时消除，而如果没有误解，则可以坦然面对。而在销售员与客户的关系中，销售员哪怕面对客户的误解，也不能像对待普通人际关系那么随意，而要带着对待工作的认真谨慎，努力让客户消除敌意，争取达成交易。

常言道，多个朋友多条路，多个敌人多堵墙。作为销售员，面对客户的敌意时，尽力消除敌意或许能挽回关系，让交易达成，最坏的结果也能缓和关系，让自己少一个敌人。实际上在销售过程中，销售员应该占据相对主动的地位，这样才能发挥主观能动性处理好与客户的关系。销售员还要有大局意识，避免因为小小的不如意就与客户彼此仇视，更不要恶化自己的人际交往环境。

桂花糖前段时间移民了，从北京五环外某个大型居住社区移民到美国，从此之后开始在社区论坛上晒自己的大房子、大院子，以及看起来光鲜亮丽的生活。其实桂花糖前些年就喜欢晒，只不过有一次因为被发现为某个商家打广告，所以遭到口水战，因而沉寂了几年。不过移民之后桂花糖做起了代购，所以又开始回归论坛，打着有职业但是不能说的旗号，继续回来忽悠论坛里的野猪们。

有一次，一位社区论坛里的野猪发私信给桂花糖，希望代购一些东西。结果，桂花糖因为觉得这位野猪说话不中听，就擅自拉黑了这位野猪，没想到此举激怒了野猪，很快野猪又开始在论坛上对桂花糖展开口水战。借着这个机会，很多野猪也开始讨伐桂花糖的海外生活，抱着显而易见的吃不到葡萄说葡萄酸的心理。一段时间之后，桂花糖渐渐地又归入沉寂，人气骤降。

在这个事例中，桂花糖原本精心为自己打造的完美形象，因为一个客户野猪心中的愤愤不平，再次轰然倒塌。实际上，如果桂花糖有些耐心，不要觉得自己做代购挣了点儿钱就能吆五喝六，而是带着服务于客户的态度答疑解惑，也许事情的结果就不会这么糟糕。现在的事实是，桂花糖非但没有成功做好销售工作，反而为自己树立了一个敌人，导致自己在网络上陷入口诛笔伐之中，也彻底失去了网络资源。

作为销售员，面对客户的敌意，一定不要盲目和冲动。要记住，如果对于客户的敌意快意恩仇，就会陷入更长久的麻烦中，非但交易不能达成，还会处处受敌。而聪明的销售员知道，唯有及时消除客户的敌意，有误会就马上解释清楚，才能争取赢得客户认可，或者至少消除一个敌人。

要想避免客户陷入敌意之中，销售员一定要与客户进行深入沟通。沟通，是人际交往的桥梁，如果沟通到位，很多问题都会迎刃而解，而如果沟通不到位，则很多问题都会遭遇困境。所以当客户的心中充满怒气时，销售员如果不确定原因，一定要第一时间与客户沟通，才能消除客户的愤怒。其次，如果销售员在工作中有什么不足或者犯了什么错误，还要第一时间向客户认错。很多人都觉得认错是很丢人的，实际上只有真正勇敢的人，才敢于认错。要知道，客户之所以愤怒无外乎几种原因，或者觉得产品质量不好，或者觉得销售服务不到位。当然，也不排除有些客户是故意刁难。不管出于哪种原因，主动认错都能让客户的心情恢复平静，也有利于客户理智解决问题。当交谈陷入僵局时，销售员还要适时转移话题，帮助客户平复情绪。如果越是情绪激动，越不停地说起让人尴尬的话题，只会导致气氛更糟糕。最后，销售员一定要有礼貌，这是在任何情况下都必须坚持的原则和底线。有些销售员本身脾气就不好，和客户说话总是带着脏字或者骂骂咧咧的，这些都会让客户感到很生气，甚至彻底否定和放弃与销售员的合作。

当然，人与人之间相处，不管多么小心翼翼，都会发生各种冲突和矛盾。尤其是销售员与客户实际上处于相对的两个面，一个是卖的，一个是买的，因而难免都为自己的利益考虑，所以销售员更应该多多关注客户的情绪，尽量站在客户的角度上考虑问题，这样对于改善与客户之间的关系是有很大好处的。人与人之间，有缘见面就要珍惜，因而销售员对待客户一定要坚持“化敌为友”的政策，这样才能让煮熟的鸭子留在嘴边，而不至于鸡飞蛋打。

需要注意的是，当遇到实在不可调和的矛盾时，可以找位中间人，例如找上司或者有资历的同事。如果条件允许，还可以找客户身边的人当中间人，来调停误解，消除矛盾，这都是可取的。作为销售员，一定不要任由自己与客户之间的关系继续恶化下去，否则非但砸了自己的饭碗，还会因为与客户之间的关系变得被动，而陷入困境。

营销秘籍

消除客户的敌意，是让销售工作顺利推进的前提条件。在人际交往过程中，很容易就会因为各种事情引发矛盾，而销售员与客户之间，也因为在购买行为中处于相对立的状态，所以发生矛盾更是正常。面对客户的敌意时，为了达成交易，销售员必须及时消除客户敌意，而不要让敌意发酵，使得销售陷入无法挽回的艰难困境。

51. 了解客户的需求偏好，因人制宜

在销售工作中，很多销售员都会犯同一个错误，这个错误说起来实在不该犯，但是偏偏大多数销售员都无法避开这个误区。这到底是怎样的一个错误，居然让大多数销售员都束手无策，只能被动地等待销售失败呢？众所周知，销售员一定要推销客户需要或者喜欢的产品给客户，这是很容易就能想明白的问题，但是在实际销售过程中，大多数销售员都没有了解客户的需求偏好，而是更多地站在自己的立场和角度上考虑问题，把自己认为好的产品推荐给客户。如此一来，必然导致一种尴尬的局面：在销售员眼中，所有客户都是一样的，因而不管对于怎样的客户，销售员都推荐完全相同的产品给客户，丝毫没有考虑客户真正需要什么、喜欢什么。可想而知，在这样的销售模式下，成功销售的概率很低。

每个消费者都是完全不同的，即使购买相同的产品，他们要满足的生活需求和偏好也是不同的。因而对于客户，销售者必须付出足够的耐心，这样才能实现客户差别化，也才能让销售因人制宜。如今各个行业的产品非常丰富，客户有非常多的选择，为何非要从这个销售员手中购买呢？就是因为这个销售员明白他的需求，也能够设身处地为他着想，所以才拥有竞争力，从诸多的销售员中脱颖而出，吸引他的注意力。试想，作为客户，谁不想花同样的钱得到量身设计的贴心服务呢？既然产品都相

差无几，那么销售员就要让服务变得与众不同，才能从激烈的市场竞争中脱颖而出。

海尔电器享誉全国，之所以得到广大消费者的认可和支持，就是因为海尔始终秉承区别化服务客户的理念。作为海尔公司的CEO，张瑞敏因为接到了一位农民的投诉电话，居然专门研发出新产品投入市场，而且取得了不俗的业绩。

原来，有个农民在用海尔洗衣机洗衣服的时候，排水管经常会堵塞，这使他非常烦恼。海尔的售后服务人员上门检测后发现，农民居然在用洗衣机清洁红薯。众所周知，红薯上有很多泥土，所以才会把洗衣机的排水孔堵住。帮助农民修理好洗衣机后，售后服务人员就打道回府了，还把这件事情当成笑话讲给同事们听。不想，张瑞敏却从这件事情中敏感地捕捉到商机，因而决定研发新产品，打造新市场。张瑞敏当即就展开深入调研，发现在四川有很多农民都用洗衣机洗红薯，也导致普通的洗衣机受损严重。为此，他当即成立专门的项目组，研发多功能洗衣机，不但能够用来洗衣服，还能用来洗红薯、水果，如果在沿海地区，甚至能用来洗蛤蜊。就是这样一台多功能洗衣机，售价不足千元，因而刚刚投放到广大农村地区，就被抢购一空了。

从这件事情不难看出，海尔对于客户的需求是非常关注的，也由此满足了客户的偏好。时代发展到今天，很多市场都已经处于饱和的状态，竞争也异常激烈。企业要想生存，谋求好的发展，就一定要开发新市场，才能独辟蹊径，获得盈利。实际上，不仅企业如此，销售员也要如此。不但企业所在的大市场竞争激烈，销售员所处的行业市场也有无数个销售员挤破了脑袋，人人都想从市场中分得一杯羹。企业要细分市场，开拓新市场，销售员也要区别对待客户，尤其要深入了解客户的需求和喜好，这样才能挖掘客户的购买需求，才能达成交易。

作为销售人员，千万不要觉得产品研发是科研部门的事情，而自己只需要把产品推销出去就万事大吉。实际上，销售员更要提升对于客户需求的敏感度，因为大多数科研人员都是在后方工作的，而销售员才是在销售一线冲锋陷阵的，也是与客户打交道最多、最密切的。如果销售员能够保持对客户需求的敏感度，把客户的需求和偏好记在心里，不但有助于促使客户成交，还能把这些宝贵的信息反馈给产品研发部，为公司推出新产品提供大方向。

需要注意的是，很多销售员不管是销售前还是销售后，对于客户遇到的问题总是漫不经心，一心一意只想着一定要达成交易。试想，如果不解决客户面对的急需解决的问题，又如何能真正满足客户的需求，达到客户的满意呢？古人云，老吾老以及人之老，幼吾幼以及人之幼。而作为销售员，一定要想客户之所想，急客户之所急，才能想方设法满足客户需求，也真正有力地促使客户成交。

营销秘籍

尊重客户的个体差异，因人制宜，投其所好，才能让销售事半功倍。销售员每天都要面对形形色色的客户，因而销售工作也应该坚持因人制宜的原则。否则，如果总是使用千篇一律的策略对待每一个客户，就会让工作陷入程式化，导致效果很差。具体而言，销售员的工作对象就是每一个不同的客户，因而实现差别化对待也就是必需的。

52. 利用客户的攀比心，使其缴械投降

中国人历来好面子，哪怕里子短缺一块，也不能让面子少了，为此很多人宁愿偷偷地经济吃紧，也要打肿脸充胖子。当然，这样的虚荣心在现实生活中是不被提倡的，然而在销售过程中，假如销售员能利用客户的攀比心理，促使客户下定决心购买，则是不折不扣的销售利器和杀手锏。

当然，在使用这个销售策略的过程中，销售员一定要避免留下痕迹，不要给客户造成恶劣的印象，以防止使接下来的销售工作无法进展下去。尽管是激发客户的虚荣心，让客户因为攀比而主动掏出腰包里的钱购买产品，但却要做得非常微妙，尤其是不要让客户觉得遭到销售员的戏耍。最稳妥的做法就是给客户留足面子，也让客户更得意，这样才能说服客户乖乖就范，也才能让客户有更好的购买表现。

从心理学的角度而言，攀比心理当然是不健康的心态，也是让消费者变得被动的思想。然而，尽管人人都知道攀比不好，也不应该爱慕虚荣，但是人们却总是无法控制自己要与他人比较，尤其是对于那些熟悉的人，人们更是情不自禁陷入攀比和比较之中，也让自己的内心变得愁云惨淡。当然，在能力有余的情况下，攀比也会起到积极的推动和促进作用，从而使得客户下定决心购买，也间接地提升了销量。

作为一个窗户推销员，小寇虽然不知道怎样把制作窗户的工艺讲得清清楚楚，但是她对于客户的心理却把握很准确，因而业绩一直稳步提升，有几次还是公司里的销售冠军呢。小寇到底是如何做到这一点的呢？很多男同事都对小寇佩服得五体投地，却不知道小寇的销售奥秘到底在哪里。

有一天，小寇在门店里接待了一位客户，这位客户是附近一个知名新小区的，考虑到要装修的事情，所以才来联系做窗户事宜。小寇向客户介绍了好几种材质，显而易见，客户对于使用中档材料还是高档材料感到犹豫不定，这时，小寇对客户说："其实，家里使用，用这种中档材料就可以了。您所在的小区，也就有五六家使用高档材料，大多数普通家庭都是用中档材料。我建议您没有必要多花那些钱，这种中档材料就足够用了。"在小寇没有劝说客户之前，其实客户已经想好要使用中档材料了，然而经过小寇这么一说，客户明显觉得自己被划入普通家庭的普通消费群体中，又想到小区里居然有五六家都用了高档材料，因而心中未免愤愤不平起来。客户直截了当地对小寇说："再去给我申请些优惠，我就用高档的。"听到客户这么说，小寇心中美滋滋的，乐着呢，然而小寇按捺住内心的喜悦，继续劝说客户无需使用高档材料。可想而知，客户偏要使用高档材料。

客户不知道的是，小寇通过刺激客户的攀比心态，已经成功达到了销售的目的，不但让客户下定决心购买高档材料，而且让客户坚定不移地购买了高档材料。当然，小寇刺激客户攀比心态的手段是非常高明的，也是足以让客户在不知不觉中就倾向于高档消费的。如果是销售的新手，一定要注意不要让这种销售策略表现得过于明显，否则一旦引起客户的反感，就会导致销售工作陷入窘境，无法继续推进。

人人都是喜欢攀比的，越是对于自己求之而不得的东西，客户越是内心忐忑，恨不得当即就能买到手中，满足自己的欲望。销售员要对客户的欲望和虚荣心洞若观火，也要恰到好处激发客户的攀比心态，还要注意不要过度使用这个策略。要记住，销售员只能潜移默化地影响客户，或者不露痕迹给予客户更好地引导，而不要明知道客户消费不起，还故意刺激客户，那样就变成了瞧不起客户，或者把客户逼上绝路。

对于有攀比心态的客户，还可以通过销售数据来促使成交。喜欢攀比的客户总是难以保持镇定，尤其是当他们发现身边有很多人都购买了某种奢侈品时，他们就无法保持淡然。这一点，在女性朋友身上表现得尤为明显，例如在一间办公室里，有几个女同事都购买了最新款的苹果手机，那么剩下几个没有购买的女同事明显感到坐立不安。直到想方设法把最新款苹果手机买到手里，她们才能找回些许的自信，也才能相对坦然地面对身边的人。这都是过度攀比和虚荣导致的自卑，让她们在无法与别人拥有同样的东西时，就会情不自禁露怯，也根本无法做到坦然从容。在面对女性消费者时，销售员更要学会利用攀比心理，促使客户成交。总而言之，每个人都有攀比心理，甚至每个国家也会在各个方面与其他国家比较。很多人的生活与工作中始终充斥着各种各样的攀比，只要能对客户的攀比心理加以利用，销售员就能刺激客户的购买欲望，也会让自己的销售工作圆满完成。

营销秘籍

激发出客户的攀比心理，让客户从被动购买转化为主动购买。很多客户都喜欢攀比，对于购买意愿模棱两可的产品，销售员如果能够激发客户的攀比心理，对于促进成交是很有好处的。当然，激发客户的攀比心理必须把握合适的度，凡事过犹不及，一旦使用过度，就会招致客户极大的反感。

53. 人人都有爱占便宜的心理

常言道，买的没有卖的精，尽管事实如此，还是有很多客户对于购买行为有不切实际的幻想，总是希望自己能够花最少的价钱得到更优质的产品或者更全面的服务。现在的零售市场，诸如超市、商场等卖场，经常使用促销策略吸引客户，就是这个道理。他们会把商品此前的价格标注上去，再用醒目的字体标注打几折或者折扣后多少钱的信息，如此一来，大部分客户在促销商品前都会迈不动脚，总觉得如果不买就对不起这次千载难逢的机会，就对不起自己正巧偶然从这个商品面前经过。

从心理学的角度进行剖析，人人都有爱占便宜的心理，诸多商家也正是利用人们的占便宜心理，用尽量低的价格吸引更多的客户趋之若鹜，从而实现他们薄利多销的目的。对于精明的商家而言，他们不怕客户爱占便宜，而最怕客户不想赚便宜。因为只有客户贪图小便宜或者爱占便宜，他们才能找到商机，也才能真正吸引客户。从这个角度而言，假如销售员能给客户占便宜的感觉，那么销售的策略就是成功的，销售的方式也是卓有成效的。

当然，销售员不能混淆客户占便宜与盲目追求低价之间的区别。爱占便宜的客户，最想买到的是物美价廉的产品，是性价比更高的商品，而并不是想要降低商品的质量和层次。而盲目追求低价的客户呢，他们心知肚明便宜没好货，但是因为资金紧张，所以还是选择购买质量低一个层次的产品，因为这样的产品更便宜。对于前者，销售员不必一味地以低价吸引客户，而是首先应该让客户认识到产品的质量是非常好的，只是因为在促销所以才会大力度打折，从而使客户觉得买到就是赚到。很多喜欢消费奢侈品的客户，也会选择在打折季血拼，就是这个道理。也可以说，这种客户追求的是品质，而把相对的低价放在第二位。而对于后一种客户，他们追求的是绝对低价，因而他们更容易受到低价的吸引，甚至为了追求低价而牺牲品质的层级。显而易见，针对这两种截然不同的客户，销售员也要采取不同的销售策略，才能有的放矢，达成交易。

很久以前，有一家当铺收了一件价格昂贵的貂皮大衣，迟迟都没有售卖出去。眼看着貂皮大衣已经在当铺里挂了一整个冬天，春天就要来了，老板未免着急起来，对所有的伙计说："谁能把这件貂皮大衣卖出去，奖励10两银子。"10两银子可是一笔巨款啊，尽管每个伙计都对这笔奖金垂涎欲滴，但是没有人敢尝试卖这件大衣。这时，有位新来不久的伙计向老板保证："放心吧，不出10天，我肯定把这件大衣卖出去。"所有人都感到不可置信，就连老板也觉得伙计是在吹牛皮。不过，伙计要求老板必须配合他，按照他所说的去做，老板也没有更好的方法处理这件大衣，只好死马当作活马医，答应了小伙计的要求。

小伙计对老板的要求是什么呢？就是不管什么时候，也不管谁问，都说大衣是500两银子，而实际上老板对于这件大衣的定价是300两银子。既然小伙子要求老板回答任何人都说500两银子，老板只好答应。

第三天，有一位看起来很有钱的贵妇人来到当铺里，围着貂皮大衣左看看右看看，里里外外看了个仔仔细细。小伙计看到这位贵妇人喜欢貂皮大衣，赶紧问：“太太，我把这件大衣拿下来您看看吧！”贵妇人赶紧制止，说：“先问问多少钱吧，这么贵重的东西不问好价钱就看，要是买不起也是白费劲。”小伙计装作有些耳背的样子，问贵妇人：“太太，您说什么？”贵妇人很纳闷怎么让一个耳朵不好的人当伙计，因而大声又说了一遍：“这件大衣多少钱？”小伙计笑了，说：“我才刚刚来了几天，不太熟悉价格，我马上帮您问问啊！”说完，小伙计非常大声地问坐在里屋的掌柜：“掌柜的，这件大衣多少钱？”掌柜的大声回答：“500两。”夫人把500两听得真真切切，当即就改变主意不想买了，没想到此时小伙计对贵妇人说：“太太，这件大衣300两。”贵妇人一听到300两，心中暗自窃喜：“这个小伙计耳朵不好用，居然听成了300两，这可是天大的便宜，我必须马上买下大衣离开，省得掌柜一会儿后悔！”想到这里，贵妇人当即让下人从车子上取下300两银子，买了大衣就急急忙忙地离开了。

小伙子为何要让掌柜回答500两呢？恰恰是为了迎合客户爱占便宜的心理。很多客户都特别喜欢占便宜，他们不愿意买劣质的产品，而又想花最少的钱买最优质的产品。事例中，贵妇人明明听到掌柜的回答貂皮大衣是500两，而小伙子却告诉贵妇人是300两，可想而知这让贵妇人觉得非常高兴，因为她看起来赚了个大便宜啊！

不止贵妇人喜欢赚便宜，现实生活中，人人都愿意占便宜，而不想吃亏。由此可见，如果销售员能让客户切实感觉自己赚了便宜，那么客户就会从被动成交转化为主动成交，可想而知这样的销售过程会非常顺遂圆满。那么，销售员如何让客户感觉自己赚了便宜呢？首先，销售员一定要了解客户的心理价位，例如同样是买汽车，有的客户只能买QQ，有的客户却要买二十几万的中级车，还有的客户挥金如土，非百万的豪车不开。既然每个客户都有不同的心理需求，那么销售员必须了解客户的心理需求，才能激发客户的购买欲望，也促使客户真正做出购买行为。

除了攻心战术外，还有很多客户一旦看到促销打折等活动就马上激动不安，觉得千万不能错过优惠。实际上，不管是促销还是打折，都是商家做出的刺激消费行为，随着市场上竞争越来越激烈，这样的刺激行为还会更加频繁地发生，因而客户完全没必要觉得自己一旦错过机会，机会就一去不返。还有很多客户粗心大意，根本不知道商品的原价是多少，而一味地相信商家的促销手段，觉得自己不知道占了多少便宜，最终才发现所谓的促销打折只是商家的噱头，根本没有太大的意义。为了避免这种情况的发生，最好的办法是弄清楚商品的原价，例如很多家庭主妇经常会去超市里购物，对于商品平时的价格都非常清楚，才能判断出优惠的力度。尤其是冲动型客户，更要控制好自己，避免盲目消费之后感到后悔。总而言之，交易的达成并不简单容易，然而销售员如果能掌握心理战术，就能够调动起客户爱占便宜的心理，则一定会在销售中事半功倍，马到成功。

营销秘籍

人人都爱赚便宜。如果销售员能让客户感觉到购买行为是物超所值的，那么客户就更容易下定决心购买。因而作为销售员，不管面对客户怎样的质疑，都要帮助客户戒除疑惑，让销售工作圆满完成。

54. 巧用激将法，把握客户的逆反心理

人都是有逆反心理的，就连孩子都有强烈的逆反心理，更何况是成人呢？所谓逆反心理，就是指每个人为了维护自身的尊严，故意违背对方的意愿去做人做事的表现。运用在销售过程中，就是销售员故意对客户开展激将法，导致客户故意与销售员对着干，反而实现销售员销售目的的行为。这种方法尤其适用于爱冲动、性格倔强的客户，是因为客户总是不由分说与销售员对着干，而很少去及时思考。如果换作是善于理性思考的客户，激将法则完全没有效果，甚至还会因为被客户识破，导致事与愿违。

当然，凡事皆有度，过度犹不及，面对叛逆的客户，销售员一定要把握好分寸，把激将法运用得不露痕迹，这样才能起到预期的效果。实际上，人人都有叛逆心理，因而也可以说当销售员恰到好处地运用激将法，总是能对客户起到一定的效果。不过需要注意的是，人的叛逆心理未必每时每刻都会表现出来，通常会在特定的环境中才会被激活，进而对人们的行为产生强大的影响力。

与一味地说服客户相比，激发客户的逆反心理，让客户因为叛逆而主动做出符合销售员预期的购买行为，显然是更轻松的。如果说服客户用的是笨

力气，那么激发客户的逆反心理则用的是巧劲，也是更有利于成交的。遗憾的是，在销售过程中，很多销售员根本不懂得客户的心理状态，而只顾着口若悬河地介绍产品，推销自己，最终虽然费尽唇舌、口干舌燥，却落得个被客户拒绝的下场。所谓好钢用到刀刃上，虽然销售员是以推销为工作的主要内容，但是也应该惜字如金，才能把每句话和每个字都说到点子上。卓有成效的销售工作绝不是滔滔不绝，而是让说出去的每句话都起到预期的效果，也能切实有效地推动销售工作不断向前发展。

郝刚的私家车已经开了八年了，目前正在计划换车。得到消息后，很多汽车推销员都给郝刚打电话推销汽车，弄得郝刚不堪其扰。在这些推销员中，有一位推销员非常敬业，在给郝刚打电话遭到拒绝后，这位推销员还直接来到郝刚家里，带来了汽车的宣传彩页。

然而，这位推销员的确是与众不同的，在免费为郝刚现有的车进行评估后，推销员对郝刚说："我觉得你没有必要着急换车啊，其实你的车还能再用一两年都没问题。我是建议您不要换，因为也许一两年后，你现在喜欢的车型就已经降价了，或者还会出现更新的车型。"说完之后，销售员没有啰唆和废话，给郝刚留下一张名片就离开了。郝刚把这位推销员的话放在心里琢磨，觉得既然再开一两年就得换车，还不如趁着现在旧车还能值点儿钱，就把旧车卖掉呢！就这样，才过去一个多星期，郝刚就主动给那个销售员打电话，并且与销售员约好去现场看车、试车呢！

对于大多数闻风而至的推销员，郝刚只觉得不堪其扰，而没有觉得自己正需要对方的服务，这是因为这些推销员大多数都急功近利，只想促成交易，而没有站在郝刚的角度思考和考虑问题。唯有这个主动上门的推销员给了郝刚耳目一新的感受，先给郝刚留下了好印象，又语不惊人死不休，作为推销员居然劝说郝刚不要换车，旧车凑合着开一两年。这样的论调恰恰给了郝刚截然不同的感受，也让郝刚受到刺激，产生了逆反心理，反而更想换车。

要想成功利用逆反心理激发客户的购买欲，销售员工要做好充分的准备。通常情况下，客户对销售员的信任度越低，越容易对销售员的话产生逆反心理。因而销售员如果想激发出客户的逆反心理，就要针对不愿意言听计从的客户进行。有些客户非常信任销售员，在这种情况下运用逆反心理的效果就会很差。其次，使用逆反心理让客户达成销售预期，最重要的还有一点，那就是转换立场。这里所说的转换立场不是转换客户的立场，而是要转换销售员的立场。简而言之，客户对销售员的逆反表现在，销售员让他往东，他就偏偏要往西，那么销售员如果想让客户往东，就要转化立场，表现出想让客户往西的样子，这样才能让客户主动往东，也省得销售员浪费唇舌说服客户了。

总而言之，逆反心理的运用就像一把双刃剑，因为逆反心理既会促使客户购买产品，也会导致客户拒绝购买产品。至于最终将会起到怎样的效果，则取决于销售员对于逆反心理的运用是否适度，也取决于销售员对于客户的心理是否有准确的把握。实际上，在销售过程中，每个销售员都会遇到形形色色的客户，也会遭遇各种各样的情况，任何问题的解决都没有一定的规定，只有把思想变得更加活跃，举一反三，才能全方位考虑问题，尽量高效率、圆满地解决问题。

营销秘籍

激起客户的逆反心理，销售水到渠成。对于逆反心理很强的客户，不露痕迹地使用激将法，一定会起到非常好的效果。需要注意的是，一定要不露痕迹，否则一旦露出蛛丝马迹，就会导致事与愿违，也会使客户对这个方法彻底免疫。

55. 激发客户的恐惧心理

人人都有恐惧心理，有人说初生牛犊不怕虎，实际上并非牛犊不会感到恐惧，而是因为牛犊还没有成长到感受恐惧的年纪。尽管恐惧的情绪是与生俱来的，经常会出现在人们的生活中，但是实际上无知的人很少感到恐惧。与无知者相反，一个人知道得越多，越是小心谨慎，也思虑更周全。例如很多人做事情不计后果，不管不顾就去做，自然也不知道恐惧。而一个人如果能够预期自己做事情的严重后果，就会变得束手束脚，时刻担心发生最糟糕的情况。所以说，恐惧是一种非常强大的力量，孩子会因为恐惧的本能而远离危险，成人也会因为恐惧逼迫自己加速思考，尽快做出决断。

一个人如果意志坚定，那么他就能够约束自己，做好自己该做的事情，而不会因为恐惧畏缩。与此相反，一个人如果意志软弱，那么他很有可能因为恐惧导致内心更加空虚，也使自己在行为上表现出犹豫不定的样子。现代社会，很多人都自称拖延癌晚期患者，实际上恐惧也是人拖延的原因之一。综上所述，作为销售人员，如果想要利用恐惧心理搞定客户，首先要给客户普及相关的知识，让客户更了解产品的优势以及购买产品的必要性，其次也要造成紧张的局势，从而让客户拥有双重恐惧：一是不购买产品对生活造成负面影响的恐惧；二是万一购买延迟，导致想买也买不到产品的恐惧。这样一来，客户一定会从被动购买，转化为主动购买，成交自然也就水到渠成了。

很多销售员看到这里也许会说“我对客户非常真诚，我可以用真心打动客户，用专业赢得客户的信任”。的确，对待客户，超强的专业知识和技能，真诚的服务与对待，都是最基本的，但是如果一味地依靠这样的方式与客户相处，就会陷入被动的局面。每个销售员都应该意识到一点，那就是销售员并非是纯粹为客户服务的，在专业领域中，销售员还应该起到引导客户，成为客户顾问的角色。尤其是在客户难以下定决心购买时，销售员还要积极地推动和促进客户购买，这样才能让销售工作水到渠成，事半功倍。

郝梦泉已经30多岁了，却活得过于小心谨慎，不管做什么事情都畏首畏尾，做决定的时候更是拖拖拉拉，拿不定主意。最近，他正在准备换一份工作，原来，他要与谈了好几年的女朋友结婚了，所以需要换工作，提升薪水，也谋求更大的发展空间。

为了多一些选择，郝梦泉委托专门的猎头公司为他找工作，最终也找到了合适的工作，却迟迟不肯下决心签约。猎头公司里负责为郝梦泉服务的小松感受到深深的挫败感，她为很多客户都找到了合适的工作，不知道为何在郝梦泉面前，她的一切努力都收效甚微呢？尤其是上一次通电话，郝梦泉居然完全推翻了小松此前的一切努力，提出想要改行，这让小松感受到前所未有的压力。

眼看着煮熟的鸭子要飞走了，小松不得不向主管求助。主管对小松说：“这样吧，你从现在开始渗透风险教育，让客户知道如果为了一个随随便便的想法就改行，将会面临怎样的风险，这样客户就会有所顾忌了。”小松按照主管说的去做，坚持了一周之后，果然初见成效。趁着周末，主管又让小松给郝梦泉打电话，内容如下："郝先生，今天是周六，您对于新工作考虑好了吗？您也知道现在工作不好找，您可以登录我们公司的APP，仅仅一个上午，已经有六个客户开始关注这个职位，而且有四个客户已经投递了简历。我觉得您找到合适的工作也不容易，所以一定要抓住机会啊！您看看，我帮您预约周一上午和公司负责人见面谈一谈，如何？"在主管的指导下，小松以紧迫的语气说出这番话，果不其然，郝梦泉不能淡定了，他生怕自己花好几个月才找到的工作花落他家，周一下午按时带着个人资料与用人单位的负责人洽谈关于工作的事宜了。

作为销售员，小松的功力显然还不够，她只能竭尽全力为客户服务，却不知道如何才能激发客户的决心，让客户当机立断。幸好主管销售经验丰富，而且深谙客户换新工作之前忐忑不安的心态，因而先是让小松给客户灌输工作难找的意识，后来又借助于好的职位炙手可热的现实，告诉客户好工作非常抢手。由此一来，郝梦泉哪怕再淡定，也不能眼睁睁地等着看好的工作溜走，为此他只能当即采取行动，先下手为强。

在这个案例中，对于客户恐惧心理的运用非常到位，而且恰到好处。需要注意的是，运用激发客户恐惧心理的销售策略和技巧时，必须把握好适度的原则。例如事例中灌输工作难找的意识时可以循序渐进地进行，而后面提醒客户要抓紧时间把工作定下来，以电话给客户形成急迫感的行为，却要三思而行，一举成功，否则此后这个方法就会彻底失效。总而言之，商场如同战场，销售员与客户之间实际上在进行心理博弈。销售员只有在博弈中获胜，才能牵着客户的鼻子走，引导客户达成交易。

当然，激发恐惧心理除了适用于销售之外，也被很多人应用到生活的其他方面。例如有些父母在教育孩子的时候，也会激发孩子的恐惧心理，告诉孩子如果不认真学习将来会有怎样悲惨的人生。需要注意的是，不管是在日常生活中，还是在销售工作中，凡事皆有度，运用恐惧心理也要适度，否则过犹不及，也会导致客户对恐惧心理彻底产生免疫力。这样一来，销售员就不能再运用激发客户恐惧心理的方式促使客户早下决断，顺利成交了。

营销秘籍

让客户恐惧的目的，是及早达成交易。激发客户的恐惧心理，主要可以从两个方面进行：一是要详细向客户介绍产品的功效，告诉客户如果不购买和使用商品会产生怎样的严重后果；二是要在客户犹豫不决、不能当机立断下决心购买时，旁敲侧击以其他有意购买的客户给该客户形成紧迫心理，促使其尽早下定决心购买商品。

第十章

互联网时代，销售也要与时俱进

如今，随着时代的发展，销售也彻底颠覆了传统的模式，变得与时俱进，新意频出。作为新时代的销售员，必须拥有超前的意识和高超的销售技能，才能最大限度地挖掘出自身的潜力，才能在销售行业做出成就，出类拔萃。尤其是随着网络的发展，整个社会都被巨大的网络覆盖，销售员还要提升自己的网络营销能力，让销售事半功倍。

56. 做好零费用的广告

看到那些大企业一掷千金甚至一掷万金地在广告上投入，作为销售员，未免有些心惊胆战。作为单兵作战的销售个体，尽管大多数销售员都有企业背景作为舞台，但是实际上却势单力薄，必须努力依靠自身的能力，才能为自己做好推广，也让销售工作事半功倍。

难道一定要花费重金才能做广告吗？这显然不是普通销售员能承担得起的。实际上，广告并非一定要花钱做，很多熟悉网络的销售员，哪怕一文不花，也能为自己打广告，让自己在网络上的一亩三分地拥有小小的人气。举例而言，如今很多社区都有论坛，如果客户群体集中在社区里，那么就可以在社区论坛打广告。而且，在很多门户网站里，也有相关的讨论区等，选定自己所在的区域，同样可以进行网络广告，不用花费任何费用。就像现在的微信朋友圈，也成为很多微商的占领地。而且之所以有更多的微商前仆后继，更是说明了这个市场的巨大。一个小小的朋友圈就能成全很多人当老板的梦，那么作为专业的销售人员，又为何要放弃网络的利好呢？网络上的广告完全可以做到零费用，而又因为直面客户，所以会起到非常好的效果，也会效率倍增。

静静进入培训行业是在2004年，距今已经15个年头。最初进入行业时，静静不但是个新人，还是刚刚大学毕业的应届毕业生。在经过几个月的学习后，每次看到门店里来了客户咨询，静静都不好意思接待，毕竟还有老员工在呢，作为新人，静静怎么能与老员工抢客户呢？半个月过去，除非老员工不在的情况下，静静才能接待到一两个客户，其他的时间里，静静就干等着。思来想去，静静觉得这么下去不是办法，因为此前她经常浏览社区网，因而就萌生了在社区网里发布培训广告的想法。

当时，社区网也才刚刚起步，因而管理很松散。静静就这样每天坚持在社区网发十几条培训广告，居然才几天，就有客户给静静打电话咨询培训课程了。通过电话初步沟通以后，静静就为客户推荐了合适的培训课程，客户也很积极，当即表示要亲自去门店，试听课程。日积月累，静静通过网络拓展了更多的客户，销售业绩越来越多。后来，她还坚持在论坛里发一些关于个人提升的内容，居然小有名气，成为社区论坛里鼎鼎有名的培训和个人提升顾问，很多邻居在有需要的时候都会主动向静静咨询和求教呢！

对于静静而言，如果一味地等着公司里的老员工接待完客户给她留下一两个，那么从概率的角度而言，成交的可能性就会很小了。虽然静静是刚毕业的大学生，缺乏工作经验，但是她对于网络却很熟悉，也因此为自己拓展了零广告费用的广告渠道。对于静静而言，唯有更好地面对现状，适应现状，才能发掘自身的潜力，为自己赢得更多的机会，从而成功改变人生，把握人生，创造人生。

网络的发展创造了很多营销的奇迹，原本默默无闻的人，也能突然间成为网红，红遍网络。实际上，如今在商业领域，尤其是网络影响领域，还衍生出一个热门词语，那就是微热销战略。顾名思义，微热销战略就是在没有广告费或者广告费很少的情况下，把产品做得炙手可热。那么，炙手可热的标准又是什么呢？当然是指销售的速度很快，销售的数量庞大。不得不说，随着各种社交工具和网络的普及，微热销战略的实现变得更具有可能性。当然，要想把这样的产品做好，一定要选择特定的领域，那就是只有内行人才了解的领域。通常情况下，适用于微热销战略的产品，就算告诉周围的亲戚朋友，他们也应该是毫不知情的，甚至从未听说过。

当然，这个世界上从未有天上掉馅饼的好事，更没有一蹴而就的成功。任何人要想获得成功，都要付出长久的努力和辛苦，哪怕是零广告费，也要坚持去做，才能有所收获。否则，如果对于销售三天打鱼，两天晒网，当然不可能真正实现销售目的，更不可能让销售事半功倍。在微热销领域，销售员还需要注意，产品的质量必须过关，才能成为畅销品。否则，把生意做成一锤子买卖，还谈何长远规划，又有何销售力度可言呢？总而言之，作为销售人员一定要有前瞻性，也要有顽强的毅力，这样才能在销售工作中有更加杰出的表现。人们常以善于钻营形容某个人心思缜密，用心极深，而作为销售人员就是要有钻营的精神，才能挖掘自身的潜力，才能把零费用的广告做到网络的各个领域。

营销秘籍

用好了零费用的广告，也会有好收成。互联网时代，只要处处留心，销售员就能找到免费发布广告的平台，而且因为是有的放矢针对网络上的客户群，所以往往效果也会很好。尤其是网络和智能手机的普及，更会让销售无处不在，如今红红火火的微商就是很好的例子。

57. 熟悉客户的互联网分布

自从大数据概念提出，很多人都更加关注大数据，也会通过大数据来获取自己想要的信息。那么，大数据对于销售人员到底有怎样的参考和借鉴意义呢？对于企业而言，大数据的确有很大的借鉴和参考意义，而对于销售员而言，大数据的合理运用则要费一番心思，才能发挥大数据的作用，让大数据为销售工作的开展提供依据。

因为销售员是独立的销售个体，所以不像企业那样需要通过对大数据展开研究来确定研发新产品的方向或者范畴。但销售员需要通过研究大数据来熟悉客户的互联网分布，就像很多人开实体店要调查周围的居住人群、消费水平以及客流量一样，在网络上进行营销，同样应该在正确的领域中展开推广。举例而言，现在要在网络上推广汽车，一定要去专业的汽车论坛，或者是以男性为主的论坛，展开大力度推广。如果在亲子乐园之类的论坛说起汽车的问题，相信很多妈妈都没有太大的兴趣。这就是对客户群的分化，以及有的放矢地做广告。不然，销售员如何能够把握客户，并且给予客户更优质的服务呢！

如今，很多企业不仅针对实体客户展开研究，也针对网络上的客户展开研究，双管齐下，两条腿走路。毋庸置疑，在当今这个时代，一味地依靠网络或者依靠实体去做好销售都是远远不够的，唯有兼顾这两个方面，才能发掘销售的潜力，把销售做得风生水起。

在社区论坛上，静静成交了好几单生意。其实，她的收获还不仅如此呢！转眼之间，几年的时间过去了，静静俨然已经成为论坛里的一员老将，她还主动参加竞选，成为某个小区论坛的班长，在社区网曝光的频率更高了。

结婚之后，静静很快怀孕，便请了长假，在家里安心养胎。忙碌惯了的静静一旦闲下来，觉得浑身都难受，似乎有多余的精力无法发泄出来，让她总是在家里待不住。思来想去，静静突然想起可以在网络上销售家乡的土特产，为此当机立断又开始开辟网络销路。静静要卖的土特产是海鲜，毫无疑问，这是家庭主妇最关心的食材，为此，她一改之前业主论坛或者车友天地发培训课程的习惯，而是开始在亲子小屋里发美食帖。看着静静做出来的海鲜那么诱人、美味，很多家庭主妇都主动询问静静海鲜的做法，也有主妇询问静静的海鲜是在哪里购买的。对此，静静如实告知，在与主妇们都混熟之后，居然还提起可以帮助大家团购海鲜，可想而知，静静的销售策略非常成功，有静静这位海鲜大厨当教员，每一位主妇都愿意让家人和孩子多吃海鲜，从而变得更健康聪明。

在这个事例中，静静无疑是很具有销售头脑的。她之所以能在工作之初就在网络上成功展开营销，完全是因为她凭着用心和细心知道客户在网络上的分布。而在怀孕期间二次创业时，静静则开始有意识地定位客户，在网络上限定客户群体，从而使自己开展销售更具有针对性，也因为有的放矢而极具力量。

实际上，客户群体在网络上和在现实生活中一样，也会有不同的分布，呈现出一定的规律。作为销售员，要想把握网络上的客户，就要了解客户在网络上的分布规律和趋势，打开局面，也有的放矢地集中力量对准客户群体开火。销售就是一场没有硝烟的战争，尽管没有战火纷飞，但并不意味着没有博弈和厮杀。优秀的销售员在销售过程中一定要准确定位自己，更要准确定位客户，才能不断拓展销售规模，才能发挥销售的作用。

为了牢固地吸引客户，销售员除了进入客户的网络分布区域打广告，为自己做推广之外，更要打造属于自己的品牌。看到这里，很多销售员也许都会感到疑惑：销售员只是一个人，如何能打造属于自己的品牌呢？没错，销售员就是要打造属于自己的品牌。尽管销售员只是一个人，而且常常代表公司，但是销售员的言行举止都会给客户留下某种特定的印象。众所周知，每个人应该像爱惜自己的眼睛一样爱惜名誉，作为销售员更要像爱惜眼睛一样爱惜在客户之中的口碑和威信力。唯有得到客户的认可与赞赏，销售员才能让销售工作顺利展开，也取得事半功倍的效果。

不得不说，销售是一件神奇的事情，很多时候，销售员自己都不知道产品为何畅销，也不知道自己是如何得到客户认可的。但是销售员很清楚的一点是，他们需要用成交来证明自己在客户心目中的价值，也需要用成交验证自己的能力。在这个世界上，每个人的存在都应该有意义，销售员的存在当然也是如此。记住，销售员不能把自己变成活的说明书，而是要让自己成为客户的引导者，真正帮助客户做好购买计划。在茫茫人海中，无数人萍水相逢，复又散去，销售员要想找到客户，不但要在茫茫人海中大海捞针，还要在网络上布下一张网，才能拓展销售力度，让销售工作水到渠成，效率倍增。

营销秘籍

实体店的经营者都知道，地段、客流等，往往决定了经营的情况。其实，客户群体不但在现实生活中呈现出有规律分布的状态，在网络上，分布也有一定的规律。既然如此，在进行网络营销时，销售员一定要了解客户群体的网络分布，才能有的放矢，事半功倍。

58. 打造让消费者怦然心动的广告词

随着网络的发展，现代社会已经进入信息大爆炸的时代，几乎每时每刻，网络上的信息都铺天盖地而来，让人应接不暇。尽管网络广告有些甚至可以做到零费用，或者的确是花费了重金去做广告的，如果没有好的广告策划人，不能打造出让消费者怦然心动的广告词，那么广告的效果就会大打折扣，根本无法吸引消费者真正发生购买行为。必须记住的是，一切广告的目的都在于加大销售力度，促进成交，否则，哪怕广告词说得再动人，也是徒有其表，而没有真正有效的作用。

作为销售员，如何才能以一句广告词就让消费者怦然心动呢？显而易见，这不是一件容易的事情，甚至是难度很大的挑战。在好莱坞，每一部影片开拍前，编剧都被要求以简短的几句话概括电影的内容，而这几句话能否打动观众的心，也成为电影是否卖座的重要影响因素。面对这样的提问，编剧几乎要不假思索就说出电影最大的亮点，也正是电影最打动人心的地方。否则，如果编剧都不知道电影的精彩之处，那么可想而知，其他人更会觉得影片索然无味。

虽然销售员不是编剧，而且销售员面对的不是广大的观众，而只是某些具体的客户，但是销售员依然要打造产品的卖点，以凝练的语言在最短的时间内打动客户的心。相信每个客户都有这样的困惑：那个商品到底如何呢？作为有意向购买商品的人，他们也迫不及待想要知道商品的特色。所以销售员要先预想到客户针对产品会有这样的疑问，然后再根据产品的真实情况做出完美的回答，这样才能恰到好处地介绍商品，也把商品推介给客户。

在这里，销售员需要注意的是，客户往往没有大段大段的时间倾听销售员详细琐碎地介绍商品，而有可能只有极其短暂的时间，只够听销售员说一两句简洁明了的话。在这种情况下，销售员如何明确商品概念，以简洁的语言把商品概念提炼出来呢？当然，销售员一开始无法完美做到这一点，随着时间的推移，他们才能越来越领略到产品的魅力，在向客户介绍产品时，也会有截然不同的表现。

诸如太平洋保险公司的一句广告词就非常经典——平时注入一滴水，难时拥有太平洋。这句话把保险公司的安全保障功能描绘出来，而且也向客户昭示了保险的真谛。通过这样一句话，不但可以让客户知道保险的功能，也让客户顿生好感，对于保险也就没有那么抵触和排斥了。不仅保险推销员需要为自己打造广告语，每个行业的销售人员都要在深入了解产品和客户需求的基础上，说出一句让客户怦然心动的话，才能促使交易顺利达成。

前些年，脑白金的广告红遍大江南北，几乎每天晚上，电视上都有两个可爱的动漫形象——一个老太太和一个老头子，在电视屏幕上扭来扭去地跳舞，并且念念有词：“今年过节不收礼，收礼只收脑白金。”的确，这句广告不但意思很精妙，而且非常押韵，朗朗上口，让人听过一遍就难以忘记。

原本是不收礼的，只因为礼物是脑白金，就打破规定，高高兴兴地收礼了。这样一来，一下子就打动了观众，让观众对脑白金品牌记忆深刻。

一个销售人员要想让自己了解销售的真谛，把销售工作做得出神入化，只是盲目地学习，或者对自己展开填鸭式教育是远远不够的。最重要的是，销售人员必须深入客户的内心，了解客户的心思，才能把销售工作做到极致，才能在销售过程中与文字有妙手偶得的缘分。

作为销售人员一定要记住，销售从来不是简单随意或者是生硬僵化的工作。要想把销售工作做好，就要最大限度发挥自身的能力，激发自身的潜能，从而在了解产品和客户的基础上，把过程变得妙笔生花，从容精彩。当销售员面对每一个客户时，都像在荧幕上正在面对全国的观众，那么他们自然会提醒自己谨言慎行，也会要求自己发挥所有的能力，把销售工作做到极致，让自己成为销售行业中无可替代的一个。

营销秘籍

让人怦然心动的广告词，能促进销售。有的时候，客户之所以选择购买某个产品，就是因为一句让他们怦然心动的广告词。对于这样的感性客户，销售员也要使出杀手锏，那就是精炼广告词，尽量争取以一句话就让客户怦然心动，促成购买行为。

59. 声色俱全，成功吸引消费者

之所以有那么多企业青睐电视广告，是因为电视广告是强制性植入广告，是很多消费者在欣赏电视节目时无法避开的。电视广告不像纸媒一样只有无声而静止的平面，通常情况下，电视广告都是声色俱全的，让消费者就像面对着一大桌子色香味俱全的满汉全席一样，根本无法拒绝。如今，随着对广告越来越重视，很多电视广告都一改简单朴素的风格，而成为一道大餐，让每一个电视观众都无法拒绝。诸如一些名酒的广告，制作和MV一样精美，而且画面唯美，声音唯美，引得客户只能目不转睛去欣赏。

与电视广告相比，如果在纸媒上做广告，则无疑是非常沉闷的。如果在网络上做广告，则客户会有很大的选择空间，甚至会跳过广告，或者直接过滤所有的广告。这也正是为什么电视广告比纸媒广告与网络广告更昂贵的原因。实际上，不管是哪个途径和渠道的广告，最重要的就在于成功吸引消费者，而不在于所谓的形式。只要能够吸引消费者的，就是成功的广告，而能够激发消费者购买欲望的，则是广告中的皇魁，效果显著，力量巨大，不容忽视。

看到这里，有的销售员也许会说：广告如何，和我有什么关系呢？的确，作为销售单位的个体户，销售员往往没有经济实力为自己做广告。其实，这些销售员对于广告的理解未免过于狭隘了。从本质上而言，企业做的广告是大广告，而销售员完全可以为自己做小广告。从个人的社交平台，到与某个客户进行私聊，销售员都可以推广自己，进行自我的广告。如果销售员没有广告的意识，只是在微信上与客户聊天，干巴巴地说几句话，很难引起客户的兴致，如果销售员有一定的文采，能够熟练运用文字表达自己内心深处的思想等，则会引起客户的重视。再如，除了文字之外，销售员还可以配上精美的图片甚至是柔和的音乐，相信当客户点开图片，听着音乐，心中一定会充满遐思。这样一来，销售员与客户之间的交流就会更愉悦、更深入，也对销售工作起到切实有效的作用。

作为一名美术专业的毕生生，小崔大学毕业后没有从事绘画工作，而是改行做了室内设计。因为有美术的深厚功底，很多客户在看到小崔的策划案时都会有耳目一新的感觉，尽管小崔的策划案没有专业室内装潢和设计的人做的那样中规中矩，但是却充满了灵性，也洒脱不羁。对于小崔的设计，很多年轻的客户尤其喜欢，渐渐地，小崔就以自己的特点拥有了稳定的客源，也得到了很多客户的喜爱。

有一次，小崔接待了一对年老的夫妻，这对老夫妻是顺便看看，初步有二次装修房子的想法，因而简单了解之后就离开了。小崔加了老先生的微信，还要了老先生现在居住的房屋照片，这才发现老先生其实是格调高雅的人，房子装修尽管已经老旧了，但是风格不俗。看完照片之后，小崔被启发了灵感，当即根据老先生此前的装修基调对房屋进行了二次设计，还通宵做出了一个效果图。为了让效果图效果更好，小崔还运用动漫的效果，对效果图进行了诠释。

当点开小崔发来的电子文件时，老先生简直怀疑自己置身于梦想中的居所，而且配合着柔和空灵的音乐，让老先生还没有看完视频，就迫不及待打电话给小崔，委托小崔为他重新装修房子。就这样，小崔很轻松地把老先生变成了他的客户，当然，他也不会辜负老先生的重托，会努力为老先生打造一个理想的家园。

在这个事例中，小崔看似轻轻松松就与老先生达成交易，实际上，他付出了很多的心血和努力。通宵完成设计稿，为了收获预期的效果，还把设计稿做成动态的，从而一举打动了老先生的心。不得不说，这看似偶然的成功背后，其实隐藏着小崔很多的付出和努力，这也恰恰是小崔让人钦佩的地方。

如今，各种社交工具，让人与人之间虽然相隔遥远，却能随时随地顺畅地进行互动与沟通，这使销售员再也不用奔波着去与客户见面，当然非见不可的情况除外。而在一般情况下，销售员只要利用电子设备，就能与客户进行互动。尤其是因为这样的沟通不是面对面，使得销售员还有更多的时间可以好好策划，从而令交流起到预期的良好效果。

人有五官，要求食物一定要色香味俱佳。而广告，也必须是声色俱佳，才能真正打动客户。好的广告还能让客户恨不得秀色可餐，情不自禁地吞咽口水，也可以说是广告的最佳境界了。作为销售员，也许没有重金炮制那些具有神奇效果的广告，但是却应该努力推广自己，哪怕只做出一个人的广告，也要能够让客户受到多重感官的刺激，忍不住怦然心动。成功的销售从好广告做起，作为销售员，你做到了吗？

营销秘籍

销售员只有声色俱全地推销自己，才能得到客户的认可。这是一个追求成功的年代，也因为生活节奏和竞争的加剧，使得很多人的心态都越来越浮躁。要想让广告第一时间入客户的法眼，销售员一定要给广告增色，唯有让广告声色俱全，才能成功地吸引客户。

60. 为何“少女心”爆棚网络

不知从几何起，少女心爆棚几乎已经成为时代性现象，是因为除了真正的少女之外，不管是二三十岁还是四五十岁，也不管是一个孩子的妈妈还是两个孩子的妈妈，几乎只要是女性都在梦想着回到少女时代，并且也切实做出回归少女的举动，例如成为森系少女，或者直接以粉色装扮自己的少女梦。基于这样的全民现象，很多商家敏锐地发现商机，因而生产出很多迎合少女心的服装，甚至连一些小清新的饭馆，都会推出少女聚会套餐等。为何少女心一夜之间席卷全民呢？归根结底，这不是某个女人的心态，而是整整几代女人的心态，所以才会有如此大的号召力和感染力。尤其是在网络上，更是少女心爆棚。那么作为销售员，要想更多地了解客户，就不得不关注少女心爆棚的这些女性客户，也要深入了解她们的内心，挖掘她们深层次的心理意识与需求。

从心理学的角度而言，真正的少女根本不会关注自己是否处于少女的年龄段，也不会盼着时间过得慢一点再慢一点，下一个生日最好遥遥无期永远也不到来。相反，她们希望自己快快长大，更具有成熟女性的魅力。反而是早就已经过了少女阶段的年轻女性或者是中年女性，更愿意假装停留在少女阶段。似乎一旦成为少女，很多事情就都变得可以宽容和谅解。

从本质上而言，少女心实际上是心理角色，表达了大多数已经度过少女阶段的女性朋友们想一直当少女的心愿。曾经有研究所专门针对女性群体进行研究，发现大多数女性都想始终停留在16岁的花季，不愿意步入大龄阶段。总而言之，销售员在面对女性客户群体时，只有抓住少女心，才能抓住大多数成年女性的心理触发点。

林倩在工作一段时间之后，觉得行政部门枯燥乏味的工作根本不适合自己，因而痛定思痛选择辞职，并且选择回到家乡创业。其实在辞职之前，敏感的林倩就已经捕捉到了一丝讯息，她意识到现在的职场女性精明干练，又都以拥有少女心为时尚和潮流，因而当机立断想到要用粉色系装饰，来充当职场女性的新萌宠。

林倩专门和瓷器厂定制了一批粉色系瓷器，而且还在瓷器里种植了呆萌的植物。果然，才刚刚在淘宝店铺上线，就被抢购一空。很多职场女性甚至和林倩预定新鲜的萌宠，只为了让自己在办公室里看起来更像少女。后来，林倩还研制了一系列符合少女心的绿色植物，都卖得非常火爆，也得到了客户的大力欢迎。

对于有心的人而言，处处都是商机，都能开拓新的消费市场，培养出新的消费群体。最重要的在于，一定要了解现代人的心理角色，才能最大限度地满足现代人心理角色的需求。需要注意的是，心理角色并非是与生俱来的，而是因为现代社会心理发展速度太快，而且人们的购物模式也有了翻天覆地的改变，才渐渐出现的。所谓存在即合理，尤其是在智能手机飞速普及的状态下，社交媒体也处于一片繁华的局面之中，因而心理角色也变得越来越丰富，使人感到应接不暇。

对于销售行业而言，心理角色的多样化是一件好事情，这意味着拥有了更为广阔的新市场。细心的人会发现，现代人越来越注重精神和感情方面的需求，而且也更关注心理健康和心灵充实。几十年前，人们还依赖于用相册保留影像，用日记来记载生活，而现在更多的人选择通过网络记录生活的琐碎，又在把人生都尽情展现之后，心怀忐忑地等待着他人或者包容地接纳，或者尖酸地刻薄。从某种意义上而言，这就像是一种精神成瘾的状态，让人们的生活不再局限在顺从自己的心意，而是按照自己所期望的样子展现在他人面前。

在少女心网络爆红的同时，作为销售员的你，要想在网络上闯出一片天地，可曾留意到有没有其他的心理角色也有异军突起之势呢？

营销秘籍

关注社会级现象，是一名优秀销售员应该具备的敏感性。现代社会，很多现象都会一不留神就成为社会级现象，这是因为大多数现代人的心态都很相似。销售员如果能够深入了解某种社会级现象背后的原因，他们就会洞察一大批客户的心态，也能够把营销工作开展得如火如荼。

第十一章

做好销售，不得不知客户购买行为的怪异大全

客户为何会产生购买行为呢？如果仅仅是为了满足最低层次的消费需求，当然无需不停地买买买。现实却告诉我们，客户坚持购买各种产品的原因各不相同，有些客户的购买行为堪称怪异。当销售员久了，就会知道客户的购买理由千奇百怪。如果提前知道客户购买行为中的怪异表现，就不至于显得那么大惊小怪了。

61. 买买买，证明自我存在

为了刷存在感而购买，听起来这样的购买理由似乎无法让人信服，但是实际上，确实有很多人秉承“我买故我在”的观念，希望通过购买行为证明自己的存在，实现自己的价值。在这一类客户中，还有一部分有相当经济实力的客户沉迷于奢侈品的消费，实际上是为了证明自己的身份，让自己显得与众不同。

在如今这个时代，产品极大丰富，同类产品的差异化越来越小，这让很多消费者在某个领域内表现出很大的相似性。然而，不仅仅女明星不想与人撞衫，普通消费者同样不愿意与他人大同小异，所以他们会对追求有个性的产品乐此不疲。正如笛卡尔所说，我思故我在，实际上对于很多消费者而言，是我买故我在。

为了顺应时代的发展，销售员也应该与时俱进，把单纯的营销活动变成能够识别和定义消费者身份的特别活动。这样一来，才能迎合消费者通过产品自我识别的需求，也才能让消费者拥有强烈的身份认同感，找到梦寐以求的归属感。

一位年轻的女士来到商店里，仅从表面看来，她就是个不折不扣的贵妇，穿金戴银不说，而且气质不俗。这位女士在几款包包面前认真鉴赏，新来的小雅赶紧走上前去，对女士说："女士，您眼光真好，这几款包包都是限时特价的，性价比很高，销量也很好。就在昨天周日，卖出去好几个呢！"听到小雅的话，年轻女士不满地白了小雅一眼，转身准备离开。

这时，店长意识到不好的苗头，赶紧对着年轻女士说："女士，这几款包都不适合您，像您这样高雅有品位的漂亮女士，必须用限量款包包。您过来这边看看，这里有一款包包是今天早晨刚刚上架的，而且整个城市里只有五个，每个专卖店一个。很多老客户都还不知道这款包包已经到货了呢，话说来得早不如来得巧，您正好赶上。"女士果然受到吸引，停下脚步，走到店长所说的限量款包包柜台前。女士显然很喜欢这款包包，因而又和店长确定："这款真的是限量款？每个专卖店只有一个？"店长毫不迟疑地点点头："是的，而且卖掉之后不会补货的。如果您是本城第一个购买这款包的，还会赠送一个真皮的保姆包，跨着去买菜也是很拉风的呢！"女士这下子疑虑全无，当即刷卡购买了包包。

小雅是新来的，眼睛不够毒辣，经验也很欠缺，当然不知道这样的年轻女士是需要靠着购买包包，来彰显身份的。所以小雅推荐的性价比高、销量高的包包，根本不符合年轻女士的需求，还因此而招致年轻女士不悦。幸好店长及时挽救，才顺利成交。

在购买行为中，每一位消费者都有身份需求的心理倾向，高明的销售员懂得满足消费者的心理需求，从而介绍符合消费者心理预期的产品。当然，不同种类的消费者对于购买行为的心理需求也是不同的，例如年轻人很喜欢购买标新立异的产品，有钱人喜欢购买彰显身份和财力的产品，小资阶层倾向于品质，而普通的大众消费者则追求物美价廉。尤其是那些价值昂贵的产品，更是成为了实力和阶层的代表，例如车子、房子、贵重珠宝等。

在销售过程中，销售员一定要练就火眼金睛，才能从消费者的外在表现上准确定位消费者的心理倾向，从而推荐与消费者的心理倾向相符的产品，成功打动消费者的心，让消费者积极完成购买行为。

营销秘籍

用购买行为刷存在感，已经成为一种时尚。销售员要拥有知人识面的本领，才能第一时间看透客户的心理倾向，从而推荐给客户满意的产品。当然，这个能力并非是与生俱来的，而是需要销售员在从业过程中不断地培养和锻炼自己，才能渐渐形成。

62.“顺手牵羊”，让销售水到渠成

细心的人会发现，很多超市里上下扶梯的左右两侧都摆满了小件商品，这是因为在乘坐扶梯的过程中，客户百无聊赖，正好可以顺便选择这些金额不大的小商品。尽管对于客户而言这些商品价格不贵，但是对于超市来说，长年累月下来，扶梯经济也是很客观的。在大型的商场，在电梯口附近的位置，也会有小小的花车摆放促销商品，这些花车看似不起眼，其实销量也是非常可观的。不管是超市也好，还是商场也好，明明有那么宽敞的地方，为何不把这些商品摆放得更整齐呢？实际上，这是商家在激发客户的“随意”心理，很多商品客户也许不会正式购买，如果是“顺手牵羊”，则能让购买行为顺利达成。

很多客户在面对销售员提出的正式拜访请求时，都会表示拒绝。这是为什么呢？听上去，有些客户明明很愿意了解商品，但就是不愿意抽出时间来与销售员见面，也不愿意专门了解产品，这让很多销售员都百思不得其解。实际上，客户之所以拒绝消费者，并非不想了解或者购买产品，而是因为销售员的行为让他们感到有所顾虑。他们一听到销售员要专门上门拜访，就会觉得压力山大，因为销售员的拜访行为过于正式。对于大多数客户而言，如果消费者的拜访行为是顺便进行的，他们会更容易接受一些，内心也没有那么多的压力。

归根结底，客户不想专门麻烦销售员一次，而如果销售员是顺道、随意向他们介绍产品，他们也乐得搭个顺水人情，感到内心轻松。从这个角度而言，销售员应该洞察客户的心理状态，从而让客户没有负担地接受销售员的服务，让客户觉得即使不购买产品，也无需内疚，而是轻松随意。由此可见，销售行为的圆满，还需要销售员为客户营造良好的心理氛围。

小李是一名汽车推销员，前段时间接待了一个客户，也为客户详细介绍了车子的情况，但是再与客户联系的时候，却遇到了阻力。小李对客户说："张总，您看您上次也了解车子的基本情况了，要不我开车过去，您来试驾一下，如何？"张总对此马上拒绝，连声说："不用，不用，谢谢你的好意，我等有时间的时候自己过去试驾。"小李又问："张总，您是没看中这款车子呢，还是对车子哪里不满意啊？""都很满意，等我有时间联系你啊！"就这样，小李又被张总一句话支到八竿子以外了。

等了很久，小李都没有等到张总主动联系自己，他很沮丧，无奈之下只好求助于经理。经理听到小李的描述后，教会了小李一个办法。小李当即给张总打电话："张总，我今天下午正巧要去给客户送东西，路过您的办公楼下，您看，要不您顺便试驾一下车子吧，我开您看中的车型过去。"原本小李还对经理这个办法半信半疑呢，没想到张总当即高兴地说："好啊，好啊，非常感谢你啊！"就这样，张总在试驾之后，很快就下定决心购买车子了。

原来，小李第一次说要专程把车子送给张总试驾，让张总产生了很大的购买压力，而在经理的指点下，第二次打电话时，小李则告诉张总自己只是顺便路过，这让张总觉得轻松很多，也觉得自己是否购买都没关系。在这种随意的心态下，张总自然接受了小李的好意，而小李也成功地把车子销售给了张总。

很多销售员总觉得应该让客户觉得销售员付出很多才有利于成交，实际上有些客户不愿意欠任何人的人情，也不愿意觉得有愧于任何人，他们更愿意在轻松自如的状态下达成交易。对于这种客户，销售员就要营造“顺手牵羊”的效果，为客户的购买行为创造良好的环境与氛围，从而促进交易。

必要的情况下，销售员也可以明确告诉客户不是非要购买，从而帮助客户减轻心理压力，坦然接受销售员的服务。或者假装巧合，这些都是比较好的方法。需要注意的是，如果是假装巧合，一定要做到不漏痕迹，否则会让客户觉得自己被算计了，甚至因此而变得极端愤怒，这样一来交易自然就无法达成了。

营销秘籍

每一个客户都喜欢轻松随意地成交。别让客户觉得欠你的，作为销售员，给客户营造轻松无压力的环境，才有助于成交。不管是真的巧合还是假装的巧合，只要能促进成交的巧合就是好的巧合。但是需要注意，假装的巧合要不露痕迹才能起到预期效果，否则只会导致事与愿违。

63. 从众心理，让消费者无力抵挡

尽管如今有很多消费者都追求个性与特立独行，但是从骨子里来说，大部分消费者都喜欢从众。从心理学的角度而言，从众心理其实是因为人们都希望得到大多数人的认可，也都希望自己能够融入特定的人群之中。作为销售员，如果了解客户的从众心理，那么就能更有成效地促进交易达成。

细心的人会发现，走在大街上，一旦有某个地方排起长龙，人们马上就会蜂拥而至，跟风排队，甚至有的人连问都不问，就马上先排队再问情况。不得不说，这是从众心理的典型表现，也是人们不愿意落后于人的表现。从消费行为进行观察，消费者都有一定的排队情节，哪怕是对于原本并不特别需要的东西，也会因为排队情节的趋势而跟风购买，似乎不买就是对不起自己，就是吃亏上当。因为，从众心理，排队情结，归根结底与消费者爱占便宜的心理密切相关。

曾经有调查机构专门做过研究，发现在是否闯红灯的问题上，很多人都受到从众心理的驱使，无法坚持正确的做法。很多行人都等待在人行横道的路口，就因为有人带头闯红灯，大家都你看看我看看，也马上跟风，停止等待。由此可见，从众心理的影响的确很大，甚至会让人放弃原则。只要利用好从众心理，销售员就能够很好地引导客户，让客户做出符合销售员预期的选择。

在创业初期，多川博的公司主要以新材料、新科技见长，因而投入了大量广告，想以此把尿布投入市场，引起巨大轰动，得到消费者的青睐和喜爱。然而，等到前期所有的广告都投放之后，效果却隐忍堪忧，选择购买尿布的消费者寥寥无几，导致投入得不到回收，公司很快陷入经济上的困窘状态，甚至无法维持经营。

为了打开销售局面，多川博想出了很多办法，却收效甚微。最终，他不得不用了一个非常古老的办法，那就是让员工假扮成客户，在尿布的销售点排起长队购买尿布。短短时间里，销售额就急速攀升，因为每一个路过的人都很好奇大家在排队购买什么，并且有需要的人也当即果断地跟风购买。随着时间的推移，一段时间之后再也不需要员工假装排队了，因为真正的客户已经排起了长龙。

营造排队的氛围，甚至比盲目地投入广告更好，是因为消费者更愿意相信自己亲眼看到的，而不愿意相信电视上花花绿绿的广告。多川博很聪明，他知道从众心理对人的影响很大，因而果断采取让员工排队的方式，短短时间内就让销售量激增，也帮助公司度过了生产和营销的困境。

作为新时代的销售员，一定要注意的是，排队不仅仅限于有形的队伍，也包括无形的队伍。无形的队伍，就是每个人心理上的队伍，所以明智的销售员会在与客户交流的过程中，给客户排队。例如作为服装导购，完全可以对一位试穿衣服的年轻女士说：“女士，您的眼光真的非常好，这件衣服我们只进购了几件，这是最后一件，前面几件都是公司里的女性高管购买的，不但有品位，还可以在正式场合穿着，也能够彰显身份，简直一举数得。”简简单单一句话，就把年轻女士与企业的高管联系起来，让年轻女士沾沾自喜，觉得自己虽然没有当上高管，却已经向事业有成的女性高管靠拢。可想而知，这种心理上的队形，必然让销售行为更顺利地完成。

需要注意的是，不管是采取哪种形式的排队，商品质量过关都是让销售获得成功的必要前提条件。现代社会已经进入信息时代，如果商品质量不好，人们口耳相传，或者在网络上吐槽，一旦发酵就会引发严重的后果。因而每个销售员都要牢记，无论采取怎样的销售策略和手段，都要以产品质量才能真正取胜。

营销秘籍

消费者喜欢排队，无法抗拒有形和无形的队伍。很多商家喜欢邀请公众人物为产品代言，就是利用消费者的从众心理，因为大多数人在对产品无法做出判断时，总是倾向于相信权威。对于销售员而言，不管是让客户排有形的队伍，还是排无形的队伍，前提是商品的质量过关，这样才能在客户群体中形成口碑，也才能一传十十传百，让销售的口碑效应成倍增长。

64. 饥饿营销，让消费者吃不饱

并非所有的消费者都能理性消费：有的消费者会跟风，看到别人买，他们就买；有的消费者会叛逆，越是买不到的东西，他们越是上赶着买，甚至大有买不到就决不放弃的架势。前者当然是因为从众心理，前文刚刚介绍过从众心理导致人们出现随大流行为，后者是因为什么呢？是因为消费者的逆反心理在某种特定情况下被激发出来，导致消费者的行为也发生了巨大的改变。

在消费过程中，消费者的逆反心理表现在很多方面，例如当销售员苦口婆心想要把某个商品推荐给消费者时，消费者反而感到很不安：这个产品是不是不好，所以销售员才迫不及待想把它卖给我呢？我一定不能卖，否则就上当了。相反，对于销售员没有主力推荐让消费者购买的产品，消费者反而表现出莫大的兴趣：消费员不想让我购买的产品，说不定才是物美价廉的，也许是因为利润空间小，销售员才不愿意让我买吧！在营销学上，最著名的饥饿营销理论，正是因为激发起消费者的逆反心理，才取得良好的营销效果。面对费尽心思也买不到的产品，消费者却要想方设法继续购买，哪怕多加点儿钱也没关系，例如大名鼎鼎的苹果手机正是采取了饥饿营销的策略，所以才能每次上市都引起哄抢。网传有的年轻消费者为了买一部苹果手机，恨不得去卖肾。尽管这样的说法有些夸张，却从侧面表现出消费者对于苹果手机的追捧。

一家厂商生产的罐头滞销了，摆在货柜上无人问津。为此，厂商想出很多办法促销，都没有起到良好的效果。后来，厂商灵机一动，决定把所有罐头撤柜，并且在空荡荡的货架上摆上醒目的说明：断货，不定期到货。原本来超市购物的人看到罐头根本不以为然，现在看到空荡荡的货架，不由得好奇这里摆着的是什么商品，居然脱销了呢！为此，在“断货”一个多星期的时间里，很多消费者都驻足在空荡荡的货架前，似乎迫不及待想要买到这个好到“断货”的产品。后来，厂商又把罐头上架，居然真的销售一空了。

看到这个销售策略非常有效，也吊足了消费者的胃口，厂商在几批罐头销售一空之后，继续“断货”，由此在短时间里就大幅度提升了销量，让罐头彻底从滞销状态变成了畅销状态。

消费者不愿意买一堆没人爱买的东西，而愿意买大家都抢着购买且供不应求的东西。事例中，厂商正是因为抓住了消费者这样的心态，才能反败为胜，彻底扭转局面。否则，如果厂商继续把成堆的罐头堆积在货架上，不知道什么时候才能改变被动的销售局面呢！

消费者为何总是与销售员对着干呢？这是因为每个人从本能上而言都是不愿意被支配和控制的。作为消费者，更不愿意被销售员牵着鼻子走，他们潜意识里有这样的想法：我花了自己的钱，为什么要听你们的？所以他们更喜欢与销售员背道而驰，从而保护自己的价值，也本能地抗拒外界的一切说教。在销售过程中，如果销售员能够抓住客户的这种逆反心理，采取饥饿营销的策略激发起客户的消费需求，就会取得卓有成效的销售成绩。

当然，凡事皆有两面性，使用饥饿营销的策略也要讲究度，凡事过犹不及，一旦过度使用，就会招致消费者的反感。总而言之，饥饿营销是效果显著的营销策略，销售员要更加了解客户的购买心理和行为，才能适度发挥饥饿营销的作用，让销售工作水到渠成。

营销秘籍

饥饿营销的关键所在，就是让消费者永远“饿着”。让消费者吃不饱，他们在见到商品时，才会从被动购买转为主动购买，而且饥饿营销也间接地提升了产品在消费者心目中的价值，让消费者觉得所购买的产品是物超所值的，也是受到所有人欢迎的。

65. 高价策略，卖得贵也能卖得好

学过经济管理和市场营销等知识的人都知道，给商品定价有很多策略，其中既有低价策略，也有高价策略。所谓低价策略，就是以偏低的价格为商品定价，从而提升商品的销量，走得是薄利多销的路线。而高价策略下，给商品的定价相对高端，走的是先以高价收回成本，后期再酌情调整价格的路线。大多数人都以为一定是低价策略下商品会卖得更好，殊不知，低价策略并非始终都能起到好的效果，有时也会导致滞销。

通常情况下，人们都愿意花更少的钱购买产品，因而高价往往会抑制人们的购买需求，而价格下降，能够刺激供需关系，激发人们的购买欲望。但是，消费者的心理是瞬息万变的，对于很多消费品，消费者反而买涨不买跌，所以就导致价格与购买行为之间呈现出反比的关系。即在低价状态下滞销，而在高价状态下，反而呈现出销量增长的态势。这是消费者对于价格的一种特殊心理反应，是很值得销售员认真琢磨和仔细研究的。

对于销售人员而言，如果既能够收获较高的价格，又能够与消费者之间达成交易，当然是求之不得的。但是，既维持产品的高价，又能保持销量，并非是容易的事情。要想做到这一点，就需要销售员拥有极高的销售水平，而且深谙消费者心理学，才能如愿以偿地拥有优秀的销售业绩。

在培训行业里，如果一个课程降低价格进行促销，也许会吸引很多学员。但是，并非所有的课程都适用于这个定价策略。这不，培训公司刚刚新开的一门课程因为定价较高,而采取了降价策略,结果原本犹豫着想要报名的学员，全都陆陆续续放弃了。

领导很着急，如果学生越来越少，机构又该如何维持运转和经营呢?领导经过再三思考和斟酌，决定在原价基础上提升30%的价格，又把培训广告投放到高层管理者的活动领域。果不其然，一时之间这个远远高于市场定价的培训课程成为潮流，很多高层管理者都以报名参加了这个课程为傲。

由此可见，降价的商品未必能够畅销，涨价的商品也未必会压抑消费者的需求。作为销售员，一定要更加深入了解客户，把握客户深层次的消费心理，才能真正迎合客户的需求，满足客户多层次、复杂化的购买心理倾向。如今，很多销售人员都意识到精准定位客户的重要性，也真正着手去做好这件事情。

此外，在销售行为中，还有一种心理效应叫作“大小刺激效应”，意思是说当消费者接受了小的刺激，那么等到大的刺激到来，他们也就不会觉得难以接受了。小刺激就像是大刺激的背景，能够对大刺激起到铺垫和陪衬的作用。对于价格的刺激，同样是这样的规律。很多精明的商家试探性先涨价小幅度，等到客户接受之后，再继续涨价，比起一次性大幅度涨价，这样的涨价策略往往能取得更好的效果。

适度的涨价策略，有利于消费者循序渐进接受涨价，也有利于保持消费者的忠诚度。明智的销售员也会采取这样的策略，从而抓住消费者的购买心理，有的放矢地提升消费者对产品的价格预期，也促进交易达成。不得不说，这样的销售策略出奇制胜，能够对消费者的购买行为产生积极的推动作用。

营销秘籍

贵的产品不一定好，好的产品一定很贵。把产品卖得很贵，还卖得很好，这对于销售员而言是很重要的，可谓是大丰收。不过，要想真正实现这一点并不容易，销售员一定要了解消费者的购买心理，从而抓住并且满足消费者的需求，让消费者心甘情愿地消费。

后　记

几乎每个人每天都要与销售打交道，尤其是现代社会处于市场经济时代，销售行业的发展更是繁荣昌盛，小到一针一线，大到高楼大厦，一切商品的买卖和交易都离不开销售。所以说，人既是生活在人际关系的大网中，也是生活在销售的庞大网络中。除了销售员要整日从事销售工作之外，每个普通人也同样有机会从事销售工作，例如大学毕业生找工作是在推销自己，只不过商品比较特殊而已。认真想来，每个人都与销售摆脱不了干系，如果能够深谙销售的真谛，生活与工作都会受益匪浅。

当然，真正从事过销售工作的人都知道，在非学术钻研领域，销售几乎是最难的工作。作为销售员，工作的对象是一个个或者陌生或者熟悉的人，而且这些人的脾气秉性、价值观念等都完全不同。要想在销售工作中有所进展，销售员首先要对销售对象有深入的了解，才能针对销售对象的需求和购买心理有的放矢。否则，如果销售员只顾老王卖瓜自卖自夸，怎么会有效果呢？

从某种意义上而言，销售员就是以沟通的方式，把商品或者服务出售给销售对象，从而换取报酬的过程。因而，说销售是与人打交道的过程也不足为过。作为销售员，如果能把与客户的关系搞好了，销售工作自然水到渠成，很轻松就能获得成功。遗憾的是，即便是人人都要面对的人际关系，也没有那么容易处理好。销售并非大多数人想当然的那么简单，也并非少数人所畏惧的那么困难，所谓会者不难，难者不会，要想成为优秀的销售员，除了专业的技能和超强的沟通能力之外，最重要的就是熟悉客户的心理，满足客户的需求。有些非常优秀的销售员，甚至能让客户主动要求成交。曾经有研究机构经过调查得出，与普通销售员相比，超级销售员的营业额往往能够达到普通销售员的300倍之多。人们常常说以一当十，这也就意味着在销售领域，这些销售员足以做到以一当三百，可以想象他们在销售领域的能量多么强大，让人叹为观止。

归根结底，销售员面对客户展开的营销行为，实际上是一场心理上的博弈。古人云，知己知彼，百战不殆。作为销售员，唯有了解产品，也了解客户，才能激发出自身的销售能力，也最大限度地运用销售策略，打赢一场漂亮的销售仗。记住，没有卖不好，只有不会卖，很多已经从业的销售员实际上正徘徊在销售的门外，根本没有摸清楚销售的门道。要想洞察销售的真相，作为销售员就要更加用心，更加专心，也更加敬业，才能在销售的道路上越走越远，越走越好！